Der Postmoralismus und die Frage nach dem Bösen

Thorsten Streubel

Der Postmoralismus und die Frage nach dem Bösen

Eine philosophische Intervention

J.B. METZLER

Thorsten Streubel
Philosophie
Freie Universität Berlin
Berlin, Deutschland

ISBN 978-3-662-67284-6   ISBN 978-3-662-67285-3   (eBook)
https://doi.org/10.1007/978-3-662-67285-3

Die Deutsche Nationalbibliothek verzeichnet diese Publikation in der Deutschen Nationalbibliografie; detaillierte bibliografische Daten sind im Internet über http://dnb.d-nb.de abrufbar.

© Der/die Herausgeber bzw. der/die Autor(en), exklusiv lizenziert an Springer-Verlag GmbH, DE, ein Teil von Springer Nature 2023

Das Werk einschließlich aller seiner Teile ist urheberrechtlich geschützt. Jede Verwertung, die nicht ausdrücklich vom Urheberrechtsgesetz zugelassen ist, bedarf der vorherigen Zustimmung des Verlags. Das gilt insbesondere für Vervielfältigungen, Bearbeitungen, Übersetzungen, Mikroverfilmungen und die Einspeicherung und Verarbeitung in elektronischen Systemen.
Die Wiedergabe von allgemein beschreibenden Bezeichnungen, Marken, Unternehmensnamen etc. in diesem Werk bedeutet nicht, dass diese frei durch jedermann benutzt werden dürfen. Die Berechtigung zur Benutzung unterliegt, auch ohne gesonderten Hinweis hierzu, den Regeln des Markenrechts. Die Rechte des jeweiligen Zeicheninhabers sind zu beachten.
Der Verlag, die Autoren und die Herausgeber gehen davon aus, dass die Angaben und Informationen in diesem Werk zum Zeitpunkt der Veröffentlichung vollständig und korrekt sind. Weder der Verlag noch die Autoren oder die Herausgeber übernehmen, ausdrücklich oder implizit, Gewähr für den Inhalt des Werkes, etwaige Fehler oder Äußerungen. Der Verlag bleibt im Hinblick auf geografische Zuordnungen und Gebietsbezeichnungen in veröffentlichten Karten und Institutionsadressen neutral.

Titelbild: shutterstock, Bildnummer 1749149210

Planung/Lektorat: Frank Schindler
J.B. Metzler ist ein Imprint der eingetragenen Gesellschaft Springer-Verlag GmbH, DE und ist ein Teil von Springer Nature.
Die Anschrift der Gesellschaft ist: Heidelberger Platz 3, 14197 Berlin, Germany

„Andere zu denunzieren ist immer eine machtvolle und einfache Möglichkeit gewesen, sich eine großartige Vorstellung vom eigenen moralischen Wert zu verschaffen.

Wenn Politik im Register der Moral ausgetragen wird, können Antagonismen keine agonistische Gestalt annehmen. Opponenten, die nicht in politischen, sondern in moralischen Begriffen definiert werden, können nicht als ‚Gegner‘, sondern nur als ‚Feinde‘ behandelt werden."

Chantal Mouffe, Über das Politische

„Unser Zeitalter ist das eigentliche Zeitalter der Kritik,

der sich alles unterwerfen muss."
(Immanuel Kant)

„Wir werden überhaupt ganz und gar nicht von Sollen reden:
denn so redet man zu Kindern und zu Völkern in ihrer Kindheit,
nicht aber zu denen, welche die ganze Bildung
einer mündig gewordenen Zeit sich angeeignet haben."
(Arthur Schopenhauer)

„Keine Pflichtenlehre;
kein allgemeines Moralprincip.
kein unbedingtes Sollen."
(Arthur Schopenhauer)

Mit Moral wird Politik gemacht...

„Wer sich dem Impfangebot verweigert, verletzt das moralische Gebot des kategorischen Imperativs im Sinne von Immanuel Kant."[1] (Karl Lauterbach)

„Der militärische Einsatz von KI ist [...] nicht nur ethisch gerechtfertigt, sondern sogar geboten."[2]

„Ein moralischer Skandal."[3] (Robert Habeck über das Verhalten der Mineralölkonzerne im Gefolge der Steuersenkung auf Diesel und Benzin)

„Ab einer bestimmten normativen roten Linie wird das Verhalten der ukrainischen Regierung gegebenenfalls unzulässig, dann berufen wir uns nicht auf rechtliche Kompetenzen, auf die Reichweite der politischen Ent-

---

[1] Christian Geinitz: *Lauterbachs kategorischer Imperativ.* FAZ 13.01.2022. 2.
[2] Nora Bossong, Ansgar Rieks, Wolfgang Koch: *Künstliche Intelligenz für die Landesverteidigung.* FAZ 31.01.2022. 18.
[3] https://www.youtube.com/watch?v=qqPWQxB1j-I (zuletzt abgerufen am 15.03.2023).

scheidungen, sondern auf fundamentale Prinzipien der politischen Ethik."⁴ (Reinhard Merkel)

Man sieht: Mit Moral wird Politik gemacht. Die Moral als symbolische Form und Denkungsart ist ein Machtinstrument. Indem Politiker und politische Akteure, aber auch Berufsethiker sich auf eine vorgeblich absolut gültige Moral berufen, auf ein angebliches unbedingt Gesolltes, versuchen sie, jeglichen Diskurs zu stoppen, um unsihre partikularen Überzeugungen und Wünsche als allgemein verbindlich zu verkaufen und gegen jeden Widerstand durchzusetzen. Wer anderer Meinung ist, kann so leicht als unmoralisch und als schlechter Mensch disqualifiziert und damit zum Schweigen gebracht werden.

Es ist jedoch nicht so, dass die Moral einfach nur politisch und rhetorisch gelegentlich missbraucht wird. Dies würde bedeuten, dass es eine richtige, wahre und gute Moral gäbe, die der legitime Gegenstand der philosophischen Ethik wäre. Eine solche ‚wahre' Moral gibt es jedoch nicht. Die Moral ist vielmehr eine der letzten umfassenden Ideologien der globalen (oder zumindest der westlichen) Postpostmoderne. Ich nenne diese Ideologie daher: ‚Moralismus'. Es wird im Folgenden um die Kritik dieser Ideologie gehen. An die Stelle des Moralismus ‚soll' freilich keine neue Ideologie treten, sondern eine geistig befreite Gesellschaft. Eine geistig befreite Gesellschaft wäre eine postideologische und insbesondere auch postmoralische Gesellschaft. Eine solche Gesellschaft wäre eine zugleich aufgeklärte und wirklich durch und durch politische Gesellschaft. ‚Politik statt Moral', ‚Agonistik statt Moralismus'⁵, ‚politische Inklusion statt

---

⁴ *Die Pflichten der Ukraine.* FAZ 05.05.2022. 13.
⁵ Vgl. hierzu auch Chantal Mouffe: Über das Politische. Wider die kosmopolitische Illusion. Frankfurt a. M. 2007.

moralistischer Exklusion' – dies ist es, wozu der Postmoralismus rät und wodurch eine postmoralische Gesellschaft ausgezeichnet wäre. Der Postmoralismus ist keine neue Moral, sondern das Ende des Moralismus und ein neuer Anfang. Das 21. Jahrhundert benötigt eine neue radikale Aufklärung. Der Postmoralismus muss Teil dieser Aufklärung sein, wenn diese wirklich radikal sein soll.

Inhaltsverzeichnis

1 Der Moralismus als großer
  Verblendungszusammenhang   1

2 Begriffsklärungen: Moralismus,
  Hypermoralismus, Amoralismus,
  Unmoralismus, Postmoralismus   7

3 Die Ziele des Postmoralismus   17

4 Die Begründung des Postmoralismus   31

5 Der Postmoralismus und die Frage
  nach dem Bösen   77

6 Schlussbetrachtung und Ausblick   107

1

Der Moralismus als großer Verblendungszusammenhang

Der *Postmoralismus*, so wie ich ihn konzipiere und vertrete, versteht sich als konsequente Fortsetzung der europäischen Aufklärung,[1] also desjenigen Projekts, welches alle Macht-, Herrschafts-, Geltungs- und Wahrheitsansprüche einer prüfenden Kritik unterwirft, die durch Regime, Institutionen, Ideologien, Religionen, Wissenschaften und natürlich der Philosophie selbst erhoben werden. Der Postmoralismus setzt sich dabei zum Ziel, die Menschheit vom *Moralismus* zu befreien –

---

[1] Ich spreche hier von einer *Fortsetzung* der Aufklärung. Ich habe aber auch nichts dagegen, wenn eine neue oder eine „Dritte Aufklärung" (Hampe im Anschluss an Putnam) gefordert wird. Nur sollte eine neue Aufklärung wirklich radikal sein und *alles* auf den Prüfstand stellen, eben unter anderem auch den Moralismus. Vgl. zur *Dritten Aufklärung:* Hilary Putnam: The three Enlightenments. In: Ders.: Ethics without Ontology. Cambridge; London 2004. 89–108; Michael Hampe: Die Dritte Aufklärung. Zum Projekt einer radikalisierten Aufklärung. Berlin 2018. Thorsten Streubel: Kritik der philosophischen Vernunft. Die Frage nach dem Menschen und die Methode der Philosophie. Wiesbaden 2016.

nicht durch sublime Indoktrination oder durch „Feuer und Schwert", sondern durch den „zwanglosen Zwang des besseren Arguments" (Habermas). Der Moralismus ist aus Sicht des Postmoralismus eine der letzten von der Aufklärung noch nicht geschleiften Bastionen eines irrationalen Glaubens an etwas, was es nicht gibt: nämlich absolute Werte und Normen oder ein absolutes moralisches Richtig und Falsch. Der Moralismus ist im Grunde ein großer Verblendungszusammenhang, der zwar (bildlich gesprochen) mittlerweile von zahlreichen Rissen und Löchern durchsetzt ist, aber nachwievor das Denken vieler Menschen bestimmt (und – schlimmer noch – von Moralphilosophen an den Universitäten und Ethiklehrern an den Schulen weiterhin in die Köpfe der Kinder, Jugendlichen und jungen Erwachsenen gepflanzt wird). Der Moralismus wirkt zumeist als eine Art Hintergrundideologie, die Teil anderer Ideologien und religiöser wie quasireligiöser Überzeugungssysteme ist, aber er führt auch gerne für sich allein sein strenges Regiment. Die gegenwärtige inquisitorische „cancel culture" und der religiöse Fundamentalismus – so verschieden sie auf den ersten Blick erscheinen –, sind letztlich beide extreme Manifestationen moralistischen Denkens. Es ist zwar richtig, dass heutzutage auch viele im Namen eines postmodernen Wertrelativismus oder Wertesubjektivismus moralisieren (man denke hier an die ganzen „woken" Opferdiskurse, die ja eng mit der „cancel culture" verwoben sind), aber letztlich glauben auch diese postmodernen Wertrelativisten insgeheim, dass sie auf der absolut richtigen Seite stehen. Das, wofür sie kämpfen, ist natürlich aus ihrer Sicht auch das absolut Richtige. Und sie bekämpfen das absolut Falsche, welches zu eliminieren ist.² Der Moralismus beginnt daher nicht erst da, wo man sich explizit zu absoluten Werten und Normen bekennt, sondern schon da, wo man davon überzeugt ist, es gäbe in praktischen Angelegenheiten ein absolutes Richtig und Falsch.³

Die Hauptgründe, warum sich der Postmoralismus kritisch gegen den Moralismus wendet, sind folgende: Der Moralismus ist a) unwahr, b) repressiv und er wird c) politisch gerne missbraucht, um die eigenen partikularen Interessen oder ideologisch bedingte Forderungen durchzusetzen. Alles in allem liegt die Herrschaft des Moralismus über die Köpfe nicht im Interesse der meisten Menschen. Ich behaupte ausdrücklich nicht, dass der Moralismus die einzige Ideologie ist, die in Deutschland und anderen Ländern dieser Welt existiert, aber ich behaupte, dass dieser eine realexistierende und wirkmächtige Ideologie unserer nationalen und zum Teil auch globalen Gegenwart ist.

---

²Vgl. hierzu Caroline Fourest: Generation beleidigt. Von der Sprachpolizei zur Gedankenpolizei. Über den wachsenden Einfluss linker Identitärer. Berlin 2020. Pluckrose, Helen, Linsay, James: Zynische Theorien. Wie aktivistische Wissenschaft Race, Gender und Identität über alles stellt – und warum das niemandem nützt. München 2022. John McWhorter: Wie der neue Antirassismus die Gesellschaft spaltet. Hamburg 2022.

³Carl Schmitt hat dagegen die These vertreten, dass es gerade der Wertsubjektivismus sei, der zu einer Tyrannei der Werte führen würde: „Die rein subjektive Freiheit der Wertsetzung führt [...] zu einem ewigen Kampf der Werte und der Weltanschauungen, einem Krieg aller mit allen, einem ewigen bellum omnium contra omnes, im Vergleich zu dem das alte bellum omnium contra omnes und sogar der mörderische Naturzustand der Staatsphilosophie des Thomas Hobbes wahre Idyllen sind." (Carl Schmitt: Tyrannei der Werte Berlin ⁴2020. 39.) Doch es ist eben nicht so, dass die Subjektivität der Werte (d.i. ihr konstitutiver Ursprung im wertenden Subjekt) allgemein bekannt und akzeptiert wäre. Und dies behauptet auch Schmitt nicht: „Wer Wert sagt, will geltend machen und durchsetzen. Tugenden übt man aus; Normen wendet man an; Befehle werden vollzogen; aber Werte werden gesetzt und durchgesetzt. Wer ihre Geltung behauptet, muss sie geltend machen. Wer sagt, dass sie gelten, ohne dass ein Mensch sie geltend macht, will betrügen." (41).

Was ist nun unter dem Label ‚Moralismus' genau zu verstehen? Der Moralismus tritt heute, wie schon Schopenhauer in Bezug auf die kantische Moralphilosophie diagnostizierte, zumeist als die säkulare Form der alten theologischen Moral auf, wie sie etwa im Dekalog kodifiziert ist („Du sollst nicht falsch Zeugnis reden wider deinen Nächsten." etc.). Aber auch der Dekalog ist schon eine ältere Form des Moralismus, insofern dieser aus kategorischen Forderungen besteht, die als Ausdruck des Willens Gottes ausgegeben werden.[4] Der Moralismus ist sowohl aufseiten herrschender oder zumindest wirkmächtiger (religiöser wie säkularer) Moral(en) als auch aufseiten der Ethik als philosophischer Disziplin vorzufinden und übergreift somit Theorie und Praxis (bzw. Elfenbeinturm und Gesellschaft), Philosophie und Religion.

Es gilt jedoch begrifflich zwischen zwei Konzepten des Moralismus zu unterscheiden. Nämlich:

a) immanent: die Bestimmung des Moralismus vom moralisch-ethischen Standpunkt aus (= moralistischer Moralismusbegriff)
b) extern: die postmoralische Bestimmung des Moralismus (= postmoralischer Moralismusbegriff)

---

[4] „Die Fassung der Ethik in einer *imperativen* Form, als *Pflichtenlehre,* und das Denken des moralischen Wertes oder Unwertes menschlicher Handlungen als Erfüllung oder Verletzung von *Pflichten,* stammt, mit samt dem *Sollen,* unleugbar nur aus der theologischen Moral und demnächst aus dem Dekalog. Demgemäß beruht sie wesentlich auf der Voraussetzung der Abhängigkeit des Menschen von einem andern, ihm gebietenden und Belohnung und Strafe ankündigenden Willen, und ist davon nicht zu trennen." (Preisschrift über die Grundlage der Moral. In: Arthur Schopenhauer: Kleinere Schriften (hrsg. v. Ludger Lütkehaus). Zürich 1999. 480 f.)

Um jedoch nicht nur den Moralismus, sondern auch den Postmoralismus näher zu charakterisieren, scheint es hilfreich zu sein, die begriffliche Klärung auf weitere Begriffe auszudehnen, die in das Umfeld der Begriffe ‚Moralismus' und ‚Postmoralismus' gehören.

2

Begriffsklärungen: Moralismus, Hypermoralismus, Amoralismus, Unmoralismus, Postmoralismus

Zunächst soll der Begriff des Moralismus näher bestimmt und der moralistische vom postmoralischen Begriff des Moralismus unterschieden werden. Der Begriff des ‚Postmoralismus' soll dagegen nicht nur vom Begriff des ‚Moralismus' (und ‚Hypermoralismus'), sondern auch von den Begriffen des ‚Amoralismus' und ‚Unmoralismus' abgegrenzt werden. Erst auf Grundlage dieser Begriffsklärungen kann dann in einem nächsten Schritt eine weitere Explikation des Postmoralismus versucht werden, vor allem was seine Ziele und seine Begründung anbelangt.

a) Moralismus:

  i) Moralistischer Begriff des Moralismus (z. B. Mieth/ Rosenthal): „Unter ‚Moralismus' möchten wir eine Überzogenheit in moralischen Dingen verstehen. Überzogen kann dabei entweder der *Inhalt* eines moralischen Urteils oder Systems von Urteilen sein, in dem Sinne, dass zu viel gefordert oder zum Gegenstand der Moral gemacht wird, oder die *Form:* an sich berechtigte moralische Forderungen wird auf übertriebene Weise Aus- und Nachdruck verliehen."[1] = > ‚Moralismus' ist hiernach ein negativ zu bewertendes Derivat der an sich richtigen Moral. Oder noch grundlegender: Vom moralischen Standpunkt aus betrachtet kann man abstrakt ein gutes Moralischsein von einem schlechten Moralistischsein abgrenzen. Konkret gelingt dies jedoch m. E. nicht, was am absoluten und totalitären Charakter der Moral bzw. des Moralismus (ii) liegt. Wenn ich z. B. der Überzeugung bin, dass das Töten und anschließende Verzehren von Tieren absolut moralisch verwerflich ist, kann ich im Grunde Fleischessern kaum mit Toleranz begegnen. Was absolut falsch und verwerflich ist, muss letztendlich unbedingt verhindert werden. Denn eine Unterlassung ist bekanntlich auch eine moralisch zurechenbare Tat. Kurz: Zwischen Moral und Intoleranz, ja Gewalt, gibt es einen logischen Zusammenhang.[2]

ii) Postmoralischer Begriff des Moralismus: Der Moralismus besteht hiernach in dem tief verankerten Glauben, dass es objektive, absolut gültige moralische Werte und/oder Normen gäbe, ein absolutes Richtig und Falsch im Bereich des Deliberierens und Handelns bzw.

---

[1] Corinna Mieth, Jacob Rosenthal: Spielarten des Moralismus. In: Christian Neuhäuser, Christian Seidel: Kritik des Moralismus. Berlin 2020. 35–60. 35.
[2] Ich kann natürlich für eine Toleranzethik eintreten. Sobald ich jedoch Toleranz als absoluten Wert oder als absolute Forderung ausgebe, bin ich zum Moralisten und damit zu einem potenziellen Tyrannen geworden.

des Zusammenlebens (gleichgültig, ob man diese Werte und Normen auf Gott, die Vernunft oder die Natur zurückführt). Hieraus folgt, dass obige, vom moralischen Standpunkt aus, getroffene Unterscheidung, irrelevant ist. Moral in diesem absolutistischen Sinne und Moralismus fallen daher aus postmoralischer Sicht zusammen. Aufgrund des Absolutheitsanspruchs ist diese Art von Moral potenziell moralistisch im Sinne von (i). Es hängt eher vom Temperament einer Person ab, wie penetrant oder gar militant sie ihre quasireligiösen moralistischen Überzeugungen ihren Mitmenschen aufoktroyieren wird. Ich möchte jedoch betonen, dass der Postmoralismus nur den Moralismus im eben definierten Sinne kritisiert, nicht jedoch Ethiken, die lediglich das Glück und die Wohlfahrt der Menschen zu befördern versuchen und als konsiliarische Klugheits- und Weisheitslehren auftreten. Diese einer profunden Kritik zu unterziehen, wäre ein eigenes (indes kein postmoralisches) Unternehmen.[3] Der Postmoralismus ist zwar keine solche Ethik oder gar eine Lebenskunstlehre, aber man kann ihn durchaus als konsiliarisch und prudentielle Lehre verstehen, die im Kern zwar eine veritable Theorie ist, die einen Wahrheitsanspruch erhebt, als Projekt der Aufklärung zugleich aber durch das Aufzeigen von sachlichen Zusammenhängen, also durch Theorie, Einfluss auf die soziale und politische Wirklichkeit nehmen will – nicht durch Formulierung von kategorischen, sondern nur von hypothetischen Imperativen bzw. sachlich fundierten Ratschlägen.

---

[3] S. hierzu Wolfgang Kersting, Claus Langbehn (Hg.): Kritik der Lebenskunst. Frankfurt a. M. 2007.

Der Postmoralismus befiehlt nichts, er empfiehlt lediglich.

b) Hypermoralismus: Aus Sicht des Postmoralismus gibt es keinen wesentlichen inhaltlichen Unterschied zwischen dem Glauben an absolute moralische Werte und Normen, also dem Moralismus, und dem Hypermoralismus. Man könnte, wie oben bereits bemerkt (a), den Unterschied höchstens daran festmachen, wie militant Moralisten ihre entsprechenden Glaubensgrundsätze interpersonal und gesellschaftlich-politisch durchzusetzen versuchen. Der Moralismus trägt den Keim zum Hypermoralismus bereits in sich bzw. ist mit diesem quasi identisch.[4]

c) Unmoralismus und Amoralismus:
Birnbacher schreibt hierzu: „,Unmoralisch' setzt die Perspektive einer bestimmten Moral voraus, aus deren Sicht eine Handlung, Handlungsabsicht oder ein bestimmtes Urteil als moralisch verwerflich oder bedenklich beurteilt wird. ,Amoralisch' setzt die Perspektive eines bestimmten Moral*begriffs* voraus und beschreibt Handlungsmotive und praktische Denkweisen, die dadurch charakterisiert sind, dass sie moralische Normen [...] keinerlei Verbindlichkeit zusprechen, sondern sich stattdessen an anderen als

---

[4] Da dieser Begriff des Hypermoralismus sich vom absolutistischen Moralbegriff ableitet, bleibt dieser notgedrungen formal. Arnold Gehlen (Moral und Hypermoral. Eine pluralistische Ethik. Frankfurt a. M.⁶2004.) hatte dagegen ursprünglich einen engeren, da material und zeitdiagnostisch bestimmten Begriff der Hypermoral entwickelt, der die „endlose [...] Erweiterung des Humanitarismus und Eudämonismus" (150) bzw. die „Verlängerung des Familienlebens ins Weltweite" (157) bezeichnete. Ich denke, dass die Analysen Gehlens bis heute aktuell geblieben sind, dass sie aber die tiefere moralistische Motivationslogik nicht hinreichend erfasst haben. Vgl. zum Hypermoralismus als Ideologie auch Alexander Grau: Hypermoral. Die neue Lust an der Empörung. München 2017.

moralischen oder gar an keinen Normen orientieren. ‚Amoralisch' verhält sich der, der sich ausschließlich von den eigenen Interessen, von bestimmten nicht-moralischen Weltbildern oder ästhetischen Idealen oder auch – im Sinne von Willkürhandlungen – von gar keinen übergreifenden Normen leiten lässt. Etwas als ‚unmoralisch' zu bezeichnen, setzt voraus, dass man eine Moral hat, ‚amoralisch', dass man einen Begriff von Moral hat. Beide Begriffe setzen voraus, dass man bereits weiß, wie sich zwischen moralischen und nicht-moralischen Urteilen, Normen und Grundsätzen unterscheiden lässt."[5] => M.E. ist diese Unterscheidung etwas künstlich und aus postmoralischer Sicht auch nicht weiter relevant. Ich möchte ‚Amoralismus' und ‚Unmoralismus' daher synonym gebrauchen und mit diesen Begriffen eine Haltung bezeichnen, die mehr oder weniger reflektiert eine als herrschend anerkannte Moral im Handeln (revoltierend) negiert oder sich schlicht nicht um deren Forderungen schert. Als theoretische und philosophische *Position* würde der Amoralismus fordern, immer das genaue Gegenteil des Gesollten zu tun oder die moralischen Forderungen zumindest zu ignorieren. Der Amoralismus besteht also in der theoretischen und/oder praktischen Umkehrung oder auch Ignoranz moralischer Forderungen (ohne deren Geltung wirklich infrage zu stellen).

d) Postmoralismus: Dieser ist gekennzeichnet durch die negativ-ontologische These, dass es weder absolute Werte (einschließlich moralischer) noch Normen (einschließlich moralischer) gibt. Negativ-ontologisch und nicht pessimistisch-epistemisch ist diese These,

---

[5] Dieter Birnbacher: Analytische Einführung in die Ethik. Berlin, Boston ³2013. 9.

weil sie nicht behauptet, dass unsere Erkenntniskräfte zu schwach oder ungenügend seien, um absolute Werte und Normen zu erfassen oder zu begründen, sondern weil sie behauptet, dass es diese Entitäten schlicht nicht gibt und auch nicht geben kann (s. u.: 4. Begründung des Postmoralismus). Der Postmoralismus ist daher kein theoretischer Amoralismus, da er begründet leugnet, dass es absolute moralische Werte und Normen gibt. Er bestreitet prinzipiell die objektive Geltung aller moralistischen Forderungen. Er ist, was den Moralismus betrifft, weder die inhaltliche Umkehrung seiner Forderungen noch verhält er sich diesem gegenüber ignorant. Er ist vielmehr die Widerlegung und theoretische Aufhebung des Moralismus in seiner Gesamtheit und zielt auf dessen praktische Beseitigung als einer wirkmächtigen „symbolischen Form" und als Teil des „objektiven Geistes". Wo es keinen Moralismus mehr gibt, gibt es auch keinen Amoralismus. Und ‚nach' dem Moralismus/Amoralismus beginnt logisch und zeitlich der Postmoralismus als neuer geistiger Weltzustand.

Wie bereits bemerkt, ist der Postmoralismus keine verkappte Moral, die irgendwelche neuen Werte oder Normen propagiert (auch keine „Umwertung aller Werte"), sondern nur die konsequente Fortsetzung des Projekts der Aufklärung. Als Teil und Fortsetzung der Aufklärung erhebt er einen Wahrheitsanspruch und leitet hieraus Ratschläge oder hypothetische Imperative ab.[6] Allerdings ist dies noch etwas unpräzise bzw. undifferenziert formuliert, denn es gilt zwischen a)

---

[6]Vgl. Immanuel Kant: Grundlegung zur Metaphysik der Sitten (AA IV). 415 f.: „Der hypothetische Imperativ sagt also nur, dass die Handlung zu irgend einer *möglichen* oder *wirklichen* Absicht gut sei. Im ersten Falle ist er ein problematisch-, im zweiten assertorisch-praktisches Prinzip."

dem Postmoralismus als Theorie, b) der konsiliarischen Ausrichtung des Postmoralismus, also seiner aufklärerischen Wendung an die ‚außertheoretische' Wirklichkeit (Gesellschaft, Menschheit) durch Aufzeigen von Zweck-Mittel-Zusammenhängen, c) den persönlichen Motiven derer, die den Postmoralismus vertreten und die sich auch persönlich für dessen Verwirklichung einsetzen und d) dem Postmoralismus als zukünftigem Weltzustand und Kulturstufe zu differenzieren (Telos). Es gilt vor allem zwischen der theoretischen Widerlegung des Moralismus einerseits und der praktischen Ausmerzung des Moralismus als realexistierender ideologischer Macht andererseits zu unterscheiden. Als Philosoph kann ich nur das Erstere leisten sowie Ratschläge an die Gesellschaft formulieren (denn die Zweck-Mittel-Rationalität im Allgemeinen und auch konkrete Zweck-Mittel-Zusammenhänge im Besonderen sind der wissenschaftlichen Forschung durchaus zugänglich). Als Homo politicus kann ich aber auch Partei ergreifen und mich im Sinne des Postmoralismus politisch engagieren. Zwischen Wissenschaft/Philosophie (einschließlich wissenschaftlicher Beratung) und politischem Engagement sollte man jedoch strikt trennen. So wie man sich als Postmoralist gegen die Moralisierung der Wissenschaft konsequenterweise aussprechen muss, so als Wissenschaftler auch gegen die Politisierung derselben.[7]

---

[7] ‚Moralisierung der Wissenschaft' meint hier die Behauptung eines Geltungsprimats und eines Vetorechts der Moral in Bezug auf nur wissenschaftlich zu entscheidende Fragen in dem Sinne, dass nur das wahr sein kann, was mit der jeweiligen moralistischen Ideologie übereinstimmt. Damit ist nicht zu verwechseln, dass auch die Wissenschaften bzw. die Wissenschaftler den gesetzlichen Vorgaben des jeweiligen Staates unterliegen. Zwischen diesen und der Wissenschaftspraxis vermitteln oft Ethikkommissionen. Dass man diese Institutionen *Ethik*kommissionen nennt, ist Teil des Verblendungszusammenhangs. Man könnte diese schlicht Grundrechtskommissionen nennen und so

Als Wissenschaftlicher ist man in erster Linie der Wahrheit und den methodischen und berufsethischen Maßstäben der Wissenschaftlichkeit verpflichtet, die intersubjektive Nachprüfbarkeit und Transparenz ermöglichen. Diese Verpflichtung beruht auf Selbstverpflichtung und stellt keine unbedingte Pflicht im Sinne des Moralismus dar.[8] Wenn ich eingangs sagte, dass der Postmoralismus sich zum Ziel setzt, die Menschheit vom *Moralismus* zu befreien, so war das noch etwas ungenau bzw. undifferenziert formuliert. Als postmoralischer Philosoph und philosophischer Aufklärer in Personalunion empfehle ich lediglich (aber mit Gründen) die Überwindung des Moralismus und moralistischen Denkens zum Wohle der Menschheit – weil dies Teil meines Berufs als Philosoph und Wissenschaftler ist. Als zudem politischer und von der Richtigkeit des Postmoralismus überzeugter Mensch und Bürger kämpfe ich zudem für die Beseitigung des realexistierenden Moralismus. Zudem möchte ich

---

deutlich machen, dass es in Wahrheit um Grundrechtskonformität geht und nicht um den Willen Gottes oder vermeintliche reine Vernunftgebote.

,Politisierung' meint hier schlicht die Vermischung von Wissenschaft und politischer Agitation vor allem im Rahmen von universitären Veranstaltungen, aber auch wissenschaftlichen Publikationen. Davon zu unterscheiden ist die Politikberatungs- und Aufklärungsfunktion der Wissenschaften, die darin besteht, Zusammenhänge zwischen vorgegebenen Zwecken und den Mitteln ihrer Erreichung sowie die damit verbundenen Kosten und Risiken offenzulegen.

[8] Das bedeutet nicht, dass die Institutionen der Wissenschaft, zuvörderst die Hochschulen, völlig frei von Politik zu halten sind. Dies ist schon aufgrund der Selbstverwaltung gar nicht möglich. Politik beginnt ja bekanntlich da, wo kollektiv verbindliche Entscheidungen getroffen werden sollen. Es spricht auch nichts gegen politische Versammlungen vonseiten der Studierenden. Aber Lehre und Forschung sind von Politisierung freizuhalten. Politik kann freilich Gegenstand der Wissenschaft sein (Politikwissenschaft, Soziologie, Verfassungsrecht etc.), aber der Wissenschaftler sollte strikt zwischen seiner Rolle als Wissenschaftler und seiner Rolle als Bürger trennen.

darauf hinweisen, dass man mit wissenschaftlichen und philosophischen Texten immer auch irgendetwas beabsichtigt und sei es nur dies, dass man aufzeigen will, was der Fall ist. So zu tun, als dürften wissenschaftliche Untersuchungen nichts mit dem jeweiligen Autor zu tun haben, ist zwar nicht moralistisch, aber bestenfalls naiv. Denn inventive wissenschaftliche Arbeiten sind nun einmal Erzeugnisse geistig-volitiver Subjekte und nicht eines asubjektiven Logos oder einer künstlichen Intelligenz.

3

Die Ziele des Postmoralismus

Die theoretische Destruktion des Moralismus ist das eine. Was hieraus praktisch folgt, ist ein zweites. Der Postmoralismus rät dazu bzw. plädiert dafür, moralische Fragen in Zukunft als *politische* Fragen zu behandeln (und damit der politischen Willensbildung zu überantworten[1]) und den Umgang mit den sonstigen (rechtlich ungeregelten) zwischenmenschlichen Problemen den jeweils betroffenen Menschen zu überlassen (denen es natürlich freisteht, professionelle Lebenshilfe in Anspruch zu nehmen). Zwischenmenschliche Probleme des Umgangs miteinander sind aus postmoralischer Sicht niemals moralische Probleme, sondern eben schlicht dies: Probleme des Umgangs miteinander, für die es keine an sich richtige oder falsche Lösung gibt, sondern

---

[1] Das heißt auch, dass die Ethik als philosophische Teildisziplin weitgehend ausgedient hat; als Moralphilosophie war sie immer eine Pseudowissenschaft, vergleichbar mit Astrologie und Alchemie.

allenfalls eine richtige oder falsche Lösung für eine bestimmte Person hier und jetzt. Es sind letztlich rein *private* Probleme, solange keine diesbezügliche juridische Regulation vorhanden ist (in diesem Fall können entsprechende Konflikte auch gerichtlich ausgetragen werden).[2] Ansonsten steht es einem jeden natürlich frei, zu versuchen, private Probleme zu politischen zu machen – zumindest wenn diese Freiheit selbst verfassungsmäßig garantiert und von der Verfassungsrealität her vorhanden ist. Ansonsten bleibt nur das tapfere Dissidententum.

In einer postmoralischen Gesellschaft gibt es keine moralischen Probleme mehr (oder genauer: Probleme die legitimerweise als moralische tituliert werden können), da allgemein anerkannt wird, dass es kein absolutes und allgemeines Richtig oder Falsch gibt, sondern nur noch ein Richtig oder Falsch für die jeweiligen Individuen, also relativ zu ihren eigenen Interessen, die keineswegs nur egoistische sein müssen. Menschen sind *wertexzentrische* Wesen, das heißt, sie können ihr Herz (Eros, Philia, Agape) an alles Mögliche hängen, nicht nur an ihre eigene Person. Die Anthropologie des absoluten Egoismus war immer falsch gewesen, sie entspricht schlichtweg nicht der Erfahrung (wenngleich die Triebfeder des Egoismus unleugbar eine sehr starke ist, beim einen mehr, beim anderen weniger). Ein relatives Richtig und Falsch gibt es natürlich auch in Bezug auf kollektive Interessen (Vereine, Verbände, Parteien, Staatsraison, die Menschheit im Anthropozän etc.). Richtig ist hier allenfalls, was diesen

---

[2] Etwas anderes sind die herrschenden sozialen Normen, also Umgangsformen, Verhaltensregeln etc. Diese sind aber ebenso wenig wie moralistische Forderungen letztbegründbar, sondern besitzen höchstens einen pragmatischen Wert. Wer diese Regeln nicht befolgt oder sich sogar dagegen stemmt, muss mit Widerstand rechnen. Oft gilt aber auch: „Frechheit siegt!". Nicht alles kann jedoch staatlich reguliert werden.

3 Die Ziele des Postmoralismus

Interessen entspricht, falsch, was ihnen entgegen ist. Diese Interessenrelativität ist nicht zu verwechseln mit dem, was Menschen für das Richtige oder Falsche *halten*. Wäre dies so, dann hätten wir unversehens doch wieder absolute, wenngleich nicht allgemeingültige Werte und Normen eingeführt, allerdings in der paradoxen Form des Relativismus: Sage ich: Richtig ist das, was mir als richtig erscheint, dann ist damit ja durchaus von einem echten Richtigen die Rede; nur kann mein ‚richtig' zugleich Dein ‚falsch' sein. Diesen Wert- und Normprotagorasmus vertritt der Postmoralismus ausdrücklich nicht!

Doch wie steht es mit der Abholzung des Regenwaldes, dem menschengemachten Klimawandel und der Naturzerstörung ganz allgemein, mit staatlich betriebener Folter und staatlich unterhaltenen Konzentrationslager, atomarer Aufrüstung und atomarer Bedrohung etc.? Sind dies nicht unzweifelhaft absolut unmoralische Missstände? Ist es nicht absolut falsch (und moralisch verboten) Menschen zu töten, gleichgültig aus welchen Motiven? Der Postmoralismus ist hier glasklar: Es gibt kein absolutes Richtig oder Falsch. Aber dies bedeutet nicht, dass man solche Vorkommnisse nicht entsetzlich finden darf. Man darf! Und man darf sogar dazu beitragen, dass diese Dinge in Zukunft weniger häufig passieren. Man darf sogar im künftigen Zeitalter des Postmoralismus weiter moralisieren, nur darf man nicht erwarten, dass dies in einer postmoralischen Gesellschaft weiterhin als sinnvolles Sprachspiel angesehen wird.

Für den Postmoralismus gibt es jedenfalls keine moralischen Missstände, sondern zunächst reale Tatbestände, die jeder bewerten mag wie er will. Sieht man in diesen Tatbeständen (deren Tatsächlichkeit natürlich gesichert sein sollte) jedoch Missstände, dann kann man sich politisch engagieren, um darauf hinzuwirken, dass diese beseitigt werden.

Man sollte sich aus Eigeninteresse nur deutlich machen, warum man für oder wider etwas ist. Auch hierzu rät der Postmoralismus. Wie wir miteinander leben und wie wir die Welt gestalten wollen, müssen wir Menschen selbst regeln. Wer hier moralische Normen ins Spiel bringt, nach denen wir uns angeblich richten sollen, ja müssen, will entweder betrügen (und dadurch andere beherrschen) oder er weiß es nicht besser. Aber Unwissenheit kann durch Aufklärung in Wissen überführt werden und damit werden dann in einer aufgeklärten Gesellschaft auch moralistische Betrugsversuche ins Leere laufen bzw. auf den Betrüger zurückschlagen.

Die postmoralische Zukunftsvision ist letztlich eine radikal geistig befreite Gesellschaft, ja Menschheit. Zu einer geistig befreiten Gesellschaft/Menschheit rät der Postmoralismus, weil sie im Interesse aller oder zumindest der Mehrheit der Menschen liegt. Der Postmoralismus ist dabei, das muss noch einmal einschränkend gesagt werden, nur ein *Teilprojekt* der fortgesetzten Aufklärung, die nicht nur die Moral, sondern eben *alles* auf den Prüfstand stellt, nicht nur die Moral(en), Religionen, die Grundlagen der Verfassung oder Ideologien, sondern auch die Philosophie und die Wissenschaften als Institutionen der Aufklärung selbst.[3] Solange jedoch moralistische Überzeugungen herrschen, gibt es keine geistig befreite Gesellschaft/Menschheit. Eine vollständig aufgeklärte Gesellschaft/Menschheit wäre auch eine postmoralische, aber eine postmoralische Gesellschaft/Menschheit ist nicht per se eine vollständig aufgeklärte.

---

[3] „Unser Zeitalter ist das eigentliche Zeitalter der Kritik, der sich alles unterwerfen muss." (KrV A XI) – auch die Vernunft und alle Projekte (und Theoreme) der Aufklärung selbst.

3 Die Ziele des Postmoralismus

Doch visieren wir als Nahziel erst einmal unsere deutsche Gesellschaft an. Wie ist eine postmoralische Gesellschaft zu verwirklichen und warum sollte man sie verwirklichen *wollen*? Der Postmoralismus ist zunächst eine philosophische Position. Versteht man die Universitas der Wissenschaften, also Philosophie und Einzelwissenschaften, mit Husserl als „universales Vernunftorgan"[4] der Gesellschaft (was im Unterschied zu Platons monarchischer Idee eines Philosophenkönigtum in der *Politeia* eher zu einer modernen demokratisch verfassten Gesellschaft passt), dann kommt insbesondere der Philosophie eine allgemeine aufklärerisch-orientierende Funktion zu. Für sie gilt eben das, was ich oben über den Postmoralismus sagte: Sie gibt begründete Ratschläge und kann nur über Argumente und deren mündliche und schriftliche Publikation Einfluss auf die Köpfe der Menschen und der politischen Entscheidungsträger nehmen. Indem sie nachzuweisen versucht, dass *Wahrheit* nicht nur ein berufsbezogener Wert (und eine regulative Idee) der Wissenschaften und vor allem der Philosophie ist, sondern ein *existenzieller* Wert für jedermann,[5] kann sie auch dafür argumentieren, dass der Glaube an den unwahren Moralismus auf lange Sicht schädlich für die Gesellschaft und jeden Einzelnen ist. Ein existenzieller Wert ist dabei *kein* absoluter Wert in einem platonischen Wertehimmel, sondern ein subjektbezogener Wert. Das heißt konkret, dass das Streben nach und die Orientierung an der Wahrheit im *Eigeninteresse* jedes Einzelnen liegt.

---

[4] Edmund Husserl: Einleitung in die Philosophie. Vorlesungen 1922/23. Hua XXXV. 55.

[5] Vgl. Thorsten Streubel: Wahrheit als existenzieller Wert. Versuch über das Verhältnis von Wahrheit, Philosophie und Leben. In: Deutsche Zeitschrift für Philosophie, 65 (3) 2017. 555–571.

Der Postmoralismus appelliert also stets nur an das Eigeninteresse und rät: Wer sein Eigeninteresse verfolgen will, sollte sich an der Wahrheit orientieren (= ein Fall von Zweck-Mittel-Rationalität), wozu natürlich auch die Wahrheit über die wirklichen Eigeninteressen gehört.[6] Und wenn der Glaube an absolute Werte und Normen ein Glaube an Unwahres ist, dann sollte man ihn aufgeben, da er über kurz oder lang mehr schadet als nutzt.

Der Postmoralismus ist als ein zugleich theoretisch-philosophisches wie aufklärerisch-konsiliarisches Projekt selbst auch wahrheitsorientiert. Und weil dies so ist, versucht er das Denken in moralischen Kategorien auf theoretischem Wege zu destruieren. Die vormals als moralisch markierten Probleme selbst leugnet er nicht. Er empfiehlt, wie gesagt, diese teils zu privatisieren (also den Umgang mit diesen den Menschen zu überlassen), teils zu politisieren im Sinne von: sie zum Zwecke demokratischer Willensbildung öffentlich zu diskutieren und dann gesetzlich zu regeln (also letztlich: zu judifizieren) oder die Außenpolitik eines Landes entsprechend zu justieren.[7] Wo die Grenze zwischen privat und politisch verlaufen soll, ist selbst Teil politischer Aushandlungsprozesse. Eine geistig befreite Gesellschaft ist aber nicht identisch mit einer demokratisch und rechtsstaatlich verfassten Gesellschaft. Diese ist dem Individuum zunächst äußerlich. Der Postmoralismus *empfiehlt* daher etwas Tiefgreifenderes:

---

[6] Wahrheit ist also nicht an sich ein existenzieller Wert; aber es liegt im aufgeklärten Eigeninteresse, sich im Leben an der Wahrheit zu orientieren und Wahrheit daher positiv zu bewerten. Erst durch diese tatsächliche Positivwertung erhält Wahrheit eine positive Wertigkeit, wird also zu einem positiven existenziellen Wert. Denn wie gesagt: Es gibt keine absoluten Werte, auch keine existenziellen.

[7] Es gibt hierbei aber keine allgemeine Wahrheit zu entdecken, sondern jeder muss eine Wahrheit über sich selbst entdecken!

die Befreiung der Köpfe von allem Unwahren und die Befähigung des Einzelnen, die Wertordnung, die ihm von den Eltern und anderen gesellschaftlichen Institutionen (wie der Schule) eingepflanzt wurden, auf den Prüfstand zu stellen. Auch in Bezug auf die eigene Wertordnung ist die Wahrheit eine *regulative Idee:* Sie besteht für jeden Einzelnen darin, für sich nach und nach herauszufinden, was er als diese Person hier und jetzt und in Zukunft *wirklich* will – für sich und die anderen. Es gibt also zwei Arten des „Ordo amoris": die faktische Wertordnung eines Menschen, die sich im Fühlen, Sprechen und Handeln ausdrückt, und die eigentliche Wertordnung, die einem Menschen adäquat wäre, wenn er sich nur selbst vollständig (einschließlich seiner Stellung in der Welt) erkennen könnte. Der authentische Ordo amoris ist für jeden Menschen daher niemals gegeben, sondern zu erkennen höchstens aufgegeben (– eine Erkenntnisaufgabe, die er im Eigeninteresse in Angriff nehmen *sollte,* aber nicht – im Sinne eines kategorischen Imperativs – *soll*).

Wenn keine Orientierung an absoluten Werten und Normen mehr möglich ist, scheint dem Einzelnen nur noch sein *Gewissen* zu bleiben, wenn er zur Entscheidung aufgerufen ist und authentisch entscheiden will im Sinne seiner wahren Interessen. Das Gewissen ist jedoch keineswegs eine autonome und authentische Instanz, sondern de facto Ausdruck tiefsitzender, zum Teil unbewusster Überzeugungen, deren Wahrheitsgehalt höchst fraglich ist. Zu diesen gehören moralische (bzw. überkommene kulturrelative) Vorstellungen über Richtig und Falsch, Gut und Böse, aber eben auch das gesamte Welt ‚wissen' (was wohl mehr Glaube als Wissen ist). „Mancher würde sich wundern", so schreibt Schopenhauer, „wenn er sähe, woraus sein Gewissen, das ihm ganz stattlich vorkommt, eigentlich zusammengesetzt ist: etwan aus 1/5

Menschenfurcht, 1/5 Deisidämonie, 1/5 Vorurteil, 1/5 Eitelkeit und 1/5 Gewohnheit".[8] Auch das Gewissen ist somit größtenteils Ausdruck des heteronomen Ordo amoris.[9] Lasse ich mich von diesem Gewissen leiten, kann ich sicher sein, dass ich mich nicht selbst bestimme, sondern fremdbestimmt werde. Ich entscheide mich für Dinge (z. B. Parteien, Projekte, Optionen etc.), die in Wahrheit gar nicht in meinem Interesse liegen. Daher kann auch ein gewissenhaftes Handeln zum eigenen Schaden sein und bittere Reue zur Folge haben.

Um eine geistig befreite Gesellschaft zu verwirklichen, genügt es daher nicht, die Menschen von der Falschheit des Moralismus zu überzeugen. Es genügt auch nicht, den moralistischen Verblendungszusammenhang zu zerstören und moralische (Schein-)Argumente und moralistisches Agitieren aus der Öffentlichkeit zu verbannen. Die Menschen müssen auch davon überzeugt werden, dass sie ihren Geist (genauer: ihr Unbewusstes) von falschen Überzeugungen und fremden Wertvorstellungen befreien müssen, wenn sie für sich und andere einigermaßen adäquate Entscheidungen treffen wollen. Und hierzu müssen sie von klein auf befähigt werden. Dies wäre zunächst und in erster Linie Aufgabe der Schulen und Universitäten. Es bedarf im Grunde einer neuen Kultur und auch Pädagogik der Selbstbefragung

---

[8] Preisschrift über die Grundlage der Moral. In: Arthur Schopenhauer: Kleinere Schriften (hrsg. v. Ludger Lütkehaus). Zürich 1999. 548.

[9] Vgl. hierzu auch La Mettries ‚Lehre von den Schuldgefühlen' in: Julien Offray de la Mettrie: Über das Glück, oder: Das höchste Gut („Anti-Seneca"). Hrsg. v. Bernd A. Laska. Nürnberg 1985. So heißt es an einer Stelle lapidar: „Andere Religionen – andere Schuldgefühle. Andere Zeiten – andere Sitten." (56) Oder zum Gewissen: „Das erhabene Gewissen, der Quell aller Reue, ist nichts als ein Abkomme des Vorurteils!" (57) La Mettries stellt daher folgerichtig fest: „Die wichtigste aller Begnadigungen ist deshalb nach meiner Auffassung die Befreiung des Menschen vom Schuldgefühl." (57).

und der Selbsterkenntnis. Es dürfte klar sein, dass eine geistig befreite Gesellschaft nicht von heute auf morgen realisierbar ist. Und sie ist auch nur als fortdauerndes und fortschreitendes Projekt und nicht in idealer Vollkommenheit erreichbar, denn dies würde göttliche Allwissenheit bei jedem einzelnen Menschen voraussetzen. Vergeblich wird das Projekt der Aufklärung dadurch aber nicht, denn jeder Abbau von falschen Überzeugungen ist ein echter Fortschritt zur Wahrheit und damit zum Besseren. Seine tiefsten Überzeugungen zu prüfen und seine Gefühle zu erforschen, die Ausdruck zum Teil verborgener heteronomer Wertüberzeugungen sind, kann nie schaden. Meine *Gefühle* sind zwar trivialerweise *meine* Gefühle, aber sie sind auch Ausdruck übernommener Werte anderer Menschen. Daher sind sie eines in der Regel nicht: authentisch. Sie sind zum größten Teil Ausdruck meines faktischen, aber unauthentischen Ordo amoris.

Natürlich steht hinter dieser Idee der Selbstaufklärung jedes Einzelnen als zweiter Säule der Realisierung des Postmoralismus und einer geistig befreiten Gesellschaft (– die erste Säule ist die direkte theoretische und praktische Destruktion aller illegitimem moralistischen Geltungsansprüche) ein bestimmtes (allerdings nicht normatives!) Menschenbild und Subjektverständnis, insbesondere dass jeder Mensch ab ovo ein echtes Subjekt (und kein bloßes Etwas) und individuell von jedem anderen Menschen verschieden ist, dass er also nicht als völlig unbeschriebenes Blatt auf die Welt kommt, als ein existierendes Nichts (ein Widerspruch in sich), und erst durch gesellschaftliche Subjektivierungsprozesse ein Subjekt oder ein Mensch wird. Es ist eben beides richtig: Wir Menschen sind seit dem Erwachen unseres je eigenen Bewusstseins echte Subjekte, die wesentlich auch Wille (im schopenhauerschen Sinne) sind, der sich sehr früh zu äußern beginnt (schon im Uterus). Und wir sind Produkte unserer Gemeinschaften und unserer Gesellschaft. Und Letzteres ist auch nicht *per se,* aber doch insofern zu kritisieren, als wir dadurch nicht nur befähigt, sondern zugleich auch daran gehindert werden (zumindest solange wir nicht in einer Kultur der Selbstaufklärung leben), aufgeklärte und sich selbst aufklärende Subjekte zu werden, die sich dann halbwegs im Klaren darüber sind, was sie wirklich wollen. Vollkommene Autonomie ist dabei in der Tat nur ein Ideal, aber ein Ideal dem entgegen zu streben sich lohnt, auch wenn es niemals vollständig realisiert werden kann.

Im Grunde empfiehlt der Postmoralismus allen Menschen eine existenzialistische Version des methodischen Zweifels Descartes'. Der methodische Zweifel dient dazu, Philosophie als strenge Wissenschaft zu ermöglichen, indem durch diesen ein philosophisch-epistemisches fundamentum inconcussum, also ein unbezweifelbares Fundament des Wissens, aufgefunden wird. Die meisten Menschen verfolgen freilich andere Projekte. Trotzdem möchten sie nicht fremdbestimmt fehlgehen und sich anschließend immer wieder reuen müssen. Daher empfiehlt der Postmoralismus auch den nicht an philosophischer Letztbegründung interessierten Menschen, sich an der Wahrheit zu orientieren und sich von falschen Überzeugungen und Werten zu befreien, nicht durch den methodischen Zweifel selbst, sondern durch Erforschung der eigenen Gefühle. Denn diese Erforschung enthüllt die eigenen, zumeist unauthentischen Werthaltungen und ermöglicht so, einen authentischeren und reflektierten Ordo amoris zu gewinnen. Dass es einen authentischen Ordo amoris geben kann, setzt natürlich voraus, dass es ein „Subjekt des Subjekts" gibt, ein Ich, mit dem wir identisch sind, und welches immer auch emotional Stellung bezieht (durch Affektion des Leibes). Das Wie der Beschaffenheit dieses Ich nennt man Charakter, der teils angeboren, teils erworben ist. Dieses Ich ist der unmittelbare Grund aller Wertgebung, sei es im authentischen oder unauthentischen Gefühl, sei es durch vorurteilsbelastete urteilende Bewertung (ohne aktuale emotionale Wertgebung).

Die Begründung des Postmoralismus basiert nun unter anderem auf dieser Einsicht: dass Werte *nicht* subjekt-*ir*relativ bzw. absolut sind und von Subjekten daher nicht schlicht (durch emotionale Wertwahrnehmung) erkannt werden, sondern dass Werte der Wertung von Subjekten allererst entspringen (z. B. durch reaktive Bewertung durch emotionale Wertgebung, die, wie gesagt, nicht authentisch sein muss).

Doch bevor wir uns gleich mit der Frage beschäftigen, wie sich der Postmoralismus als Theorie begründen lässt, sollen noch einmal die wesentlichen Punkte dieses Abschnitts zusammengefasst werden:

- *Ziel* des Postmoralismus als philosophischer Position ist die theoretische Widerlegung des Moralismus, die anschließend dessen praktische Beseitigung durch die Menschen selbst zur Folge haben soll. Als wichtiges Teilprojekt der Aufklärung gibt der Postmoralismus daher die praktische Empfehlung, zum Besten der Menschheit bzw. im Sinne eines aufgeklärten Eigeninteresses moralistisches Gedankengut aus der Öffentlichkeit zu verbannen und aus den Köpfen der Menschen zu eliminieren. Dies soll natürlich nicht durch Denk- und Sprechverbote oder gar durch Hirnwäsche geschehen, sondern durch Argumente und durch die Ermöglichung von sachlichen Einsichten.
- Das *Motiv der Philosophie* oder besser: des *Philosophen als Philosophen,* eine postmoralische bzw. geistig befreite Gesellschaft zu befördern, ist durch das Berufsethos der Philosophie vorgegeben: Die gesellschaftliche Funktion der Philosophie ist die wahrheitsorientierte Aufklärung

der Gesellschaft und der einzelnen Menschen, nicht über alles Mögliche, sondern in erster Linie über existenziell Bedeutsames. Aufklärung ist schlicht der gesellschaftliche Auftrag der Philosophie, ihre Funktion.

- Das *Motiv für den Einzelnen,* sich für den Postmoralismus zu engagieren, liegt (objektiv betrachtet) in seinem Selbstinteresse begründet. Lediglich die Profiteure des Moralismus haben weniger Grund, vom Moralismus abzulassen.
- Die *Umsetzung des Postmoralismus* ist letztlich Sache der Adressaten: der Menschen in einer Gesellschaft. Ob die Philosophie mit ihrer Aufklärungsarbeit Erfolg hat, ist ungewiss. Da jedoch die Aufklärung in den letzten Jahrhunderten bis heute durchaus auch einige Erfolge vorzuweisen hat, bleibt zu hoffen, dass ihre Ideen auch weiterhin und in Zukunft gesellschaftlich prägend sein werden. (Die Katastrophen des 20. Jahrhunderts sind nicht die Folge von zu viel Aufklärung, sondern allenfalls von zu wenig Aufklärung und z. T. auch die Folge von ideologiegetragener Pseudoaufklärung. Philosophie muss strenge Wissenschaft sein, damit sie nicht zur Ideologie im Gewand der Aufklärung wird – also zum berüchtigten bösen ‚Wolf im Schafspelz'. Ein dummes Schaf darf die Philosophie freilich auch nicht sein. Und dies lässt sich nur vermeiden, wenn sie beides ist: strenge Wissenschaft und Aufklärungsprojekt in einem.)
- Ein absolut authentischer Wille würde Allwissenheit voraussetzen. Da Allwissenheit für Menschen unerreichbar ist, ist auch ein absolut authentischer Wille unmöglich. Der Limes der Unauthentizität wäre ein gleichsam blindes Entscheiden, das für mich oder andere zudem verheerende Folgen hätte. Ein für uns realistisches Ziel kann daher nur darin bestehen, Entscheidungen aufgrund möglichst verlässlicher Informationen zu treffen.

3 Die Ziele des Postmoralismus

Je besser ich die Konsequenzen meines Handelns abschätzen kann, je mehr ich mich selbst kenne und weiß, was ich will und was ich nicht will, desto authentischer ist mein Wollen.[10] Mein *Wollen* ist zwar

---

[10] Es ist daher auch verkehrt, ‚Authentizität' auf der einen Seite und „Professionalität", „Situativität" und „Ambiguität" auf der anderen Seite als sich ausschließende Strebensziele anzusehen, wie dies Erik Schilling (in seinem Buch: Authentizität. Karriere einer Sehnsucht. München 2020) tut (25). „Mit Wesensauthentizität bezeichne ich die angenommene Übereinstimmung des ‚Wesens' eines Subjekts oder Objekts mit einem von ihm gesendeten Zeichen, etwa einer Aussage oder Handlung (dies fasst Authentizität als Wahrheitsbegriff)." (35) Authentizität als Wahrheitsbegriff zu fassen, ist natürlich kurios, da eine Aussage zwar eine Sachlage richtig oder falsch wiedergeben kann, aber nicht den „Wesenskern" des Urteilenden (es sei denn, der Urteilende urteilt über sich selbst). Und eine Handlung ist per se keine alethische Entität (dies sind nur Sachverhaltsvermeinungen oder Urteile). Indem Schilling ein Zerrbild der Authentizität zeichnet, kann er diese (als Ziel einer angeblich weitverbreiteten „Sehnsucht" der Gegenwart) als Absurdität hinstellen und damit als Konzept und sinnvolles praktisches Ziel verabschieden. Karikierend heißt es: „Weil ich um meinen Wesenskern weiß, kann ich meine Wünsche und Meinungen klar und deutlich kommunizieren. Ich muss auch – wegen der Beständigkeit – nicht lange darüber nachdenken, sondern kann unmittelbar reagieren." (136) Meine Wünsche und Meinungen kann ich sicherlich gelegentlich klar und deutlich artikulieren. Nur sind meine Wünsche oft gerade nicht authentisch und meine Meinungen häufig falsch. Man kann zwar durchaus einen umfassenden deterministischen Authentizitätsbegriff vertreten: Hiernach wären alle meine Handlungen und (sprachlichen) Äußerungen ausnahmslos authentisch, da sie ja immer von mir ausgehen. Menschen, die sich ständig verstellen, unehrlich sind und einem etwas vorspielen, wären gerade darin authentisch. Authentisch ist dann jede Handlung, die aus dem eigenen Willen hervorgeht (vgl. hierzu die Ausführungen über das Gewollte zu Beginn des Dritten Buchs der *Nikomachischen Ethik*). Mir geht es dagegen hier um einen engeren Authentizitätsbegriff, der allerdings mit dem Wahrheits- und Wissensbegriff verkoppelt ist. Aber nur in diesem Sinne: Hätte ich gewusst, was die Folgen meiner Handlung sind, hätte ich diese Handlung unterlassen. Im Unterschied zu Schilling möchte ich also den Begriff der „Wesensauthentizität" nicht verabschieden, aber ich fasse Authentizität im engeren Sinne nicht als einfaches Ausdrucksgeschehen oder als etwas, was sich relativ einfach herstellen ließe, sondern formal als praktisches Ideal und material als ‚Willensbildungsauthentizität'. Man kann daher auch sehr wohl nach authentischer Willensbildung streben und zugleich professionell, situativ angemessen und ambiguitätstolerant (re-)agieren. Denn all dies kann man authentischerweise erstreben.

immer *mein* Wollen. Aber im Nachhinein kann sich eben herausstellen, dass ich meine Entscheidungen bereuen muss. „Das habe ich doch nicht gewollt", sagen wir dann erschüttert und betroffen (z. B., wenn unsere Tat andere Menschen unintendiert schwer verletzt).[11]

---

[11] Die Differenz zwischen meinem Wollen überhaupt und meinem authentischen Wollen ergibt sich also aus der Unmöglichkeit, alle Konsequenzen meines Handelns zu überblicken und zu kontrollieren. Man könnte es das Problem der Zukünftigkeit nennen. Von diesem Problem unbetroffen ist die Möglichkeit, sich um einen authentischen Ordo amoris zu bemühen. Denn dieser betrifft nicht die Zukunft, sondern die Gegenwart unserer Willensbildung, insofern er diese stets mitbedingt.

4

Die Begründung des Postmoralismus

Die Begründung des Postmoralismus ist zugleich die theoretische Widerlegung des Moralismus.[1] Der Postmoralismus ergibt sich als Position gleichsam von selbst, wenn man akzeptiert, dass der Sein-Sollen-Fehlschluss eben dies ist: ein veritabler Fehlschluss! Und es ist ja auch vollkommen einsichtig, dass sich aus nicht-normativen Faktizitäten keine absoluten Normen oder kategorischen

---

[1] Birnbacher nennt „Vier Kennzeichen der Moral:

1. Im Mittelpunkt der Moral stehen Urteile, durch die ein menschliches Handeln positiv oder negativ bewertet, gebilligt oder missbilligt wird.
2. Moralische Urteile sind kategorisch. Sie bewerten Handlungen unabhängig davon, wieweit diese den Zwecken oder Interessen des Akteurs entsprechen.
3. Moralische Urteile beanspruchen intersubjektive Verbindlichkeit.
4. Moralische Urteile bewerten Handlungen ausschließlich aufgrund von Faktoren, die durch Ausdrücke von logisch allgemeiner Form ausgedrückt werden können." (Dieter Birnbacher: Analytische Einführung in die Ethik. Berlin, Boston ³2013. 13.)

Imperative auf gültige Weise ableiten lassen. Vom Sein führt schlicht kein *logischer* bzw. *deduktiver* Weg zum Sollen. Weder sollen die Welt und die Menschen so sein wie sie sind, nur weil sie so sind wie sie sind, noch lässt sich aus einer nicht-normativen Faktizität ableiten, dass die Welt oder die Menschen anders sein sollen als sie sind.[2] Die Ableitung von Sollensätzen aus anderen Sollensätzen führt indes in einen unendlichen Begründungsregress oder in einen Begründungszirkel oder

---

[2] Peter Stemmer (Normativität. Eine ontologische Untersuchung Berlin 2008), der Normativität ebenfalls auf das Wollen zurückführt, interpretiert den Zweck-Mittel-Zusammenhang in Verbindung mit einem Wollen als normatives Müssen und versucht so, den Sein-Sollen-Hiatus zu überbrücken: „Normativität entsteht durch das Zusammenkommen zweier Bausteine, eines Müssens der notwendigen Bedingung und eines Wollens. Beide Bausteine sind selbst nicht normativ. Aber wenn sie zusammenkommen, bedeutet das, dass Normativität existiert. Dabei ist wesentlich, dass Normativität nicht etwas ist, was zu den beiden Elementen hinzukommt, es ist nichts Distinktes neben oder über diesen Elementen. Es kommen nur zwei Dinge zusammen, und dadurch entsteht eine komplexe Situation, die normativ ist und Handlungsdruck erzeugt." (42) Wenn ich etwa Mediziner werden möchte und ich hierfür das Fach Medizin erfolgreich studieren muss (notwendige Bedingung), dann sei dieses Müssen der notwendigen Bedingung in Verbindung mit dem Wollen des Zieles normativ zu interpretieren. M.E. ist diese Äquivalenzbehauptung von Müssen und Normativität aber nicht plausibel. Nur weil ich x tun muss, um Z zu erreichen, handelt es sich nicht um eine Norm oder eine normative Situation oder um Normativität, sondern schlicht um sachliche Zusammenhänge, die ich rationalerweise berücksichtigen oder erfüllen sollte, wenn ich mein Ziel erreichen möchte. Handlungsdruck und Normativität sind einfach nicht dasselbe. Aber da auch Stemmer Normativität konstitutiv mit dem Wollen von Subjekten verbindet, steht er der hier von mir vertretenen Position bereits sehr nahe. Denn dass es faktische Normen gibt, die dem Wollen von Subjekten entsprungen sind, ist nicht zu leugnen. Zurückzuweisen ist nur die Idee, dass es universell gültige ethische Normen (kategorische Imperative, Naturrecht etc.) an sich gibt, die also nicht auf das Wollen von Subjekten zurückgehen. Ich würde aber eben nicht sagen, dass mein eigenes Wollen Normativität für mich generiert – es sei denn, ich bin zugleich Autor und Unterworfener einer Norm, etwa einer Rechtsnorm. Aber Normen die nur für mich gelten sollen und die ich selbst aufgestellt habe, sind in Wahrheit Willenssätze, z. B. Maximen, keine Normen. Ich stimme jedoch Stemmer ausdrücklich zu, wenn er schreibt: „Eine gute Faustregel für das Verständnis des praktischen ‚sollen' lautet: Wo ein Sollen, da das Wollen eines anderen." (46).

zu einem dogmatischen Abbruch der Begründungspraxis. Der Ursprung des *Sollens* muss also woanders liegen; und es ist nicht schwer diesen Ursprung zu identifizieren: Der Ursprung jeglichen Sollens liegt im *Wollen* von auch geistig verfassten Subjekten. Jedes ‚Du sollst' lässt sich auf ein ‚Ich will' (oder auf ein: ‚Wir wollen dies oder jenes') zurückführen und ein unbedingtes Sollen entsprechend auf ein (echtes oder eingebildetes oder vorgebliches) unbedingtes Wollen. (Ein konkretes Dies-oder-jenes-Wollen ist natürlich nichts Letztes, sondern hat ebenfalls seine Ursachen und Voraussetzungen.) Ein *gültiges* kategorisches Sollen lässt sich aber durch diese Einsicht ebenfalls nicht gewinnen, denn aus einem faktischen Wollen folgt ebenso wenig irgendein gültiges kategorisches Sollen wie aus einem sonstigen Sein. Geistig-volitive Subjekte können allerdings Imperative und Normen (auch mit Absolutheitsanspruch) formulieren und manchmal sogar Gehorsam erzwingen, indem Sanktionen angedroht und im Falle des Ungehorsams exekutiert werden. Aber ein Geltungsnachweis lässt sich hierdurch – also unter Rekurs auf Gewalt und Gewaltandrohung – nicht erbringen.

Nur weil ich etwas unbedingt will und es deshalb für absolut geboten halte (und vice versa), folgt jedenfalls nicht, dass es tatsächlich absolut geboten ist. Tatsächlich sind ein starkes Wollen und die damit verbundenen starken Emotionen (wie Zorn, Empörung, Ekel, Mitleid etc.) eine wesentliche Energiequelle für den starken Glauben an den Moralismus und an ein absolutes Richtig und Falsch. Man glaubt kraft dieser Energien direkt sehen zu können, was richtig und was falsch ist. Der Moralismus als Verblendungszusammenhang ist auch deswegen so mächtig und stabil, weil er in den Subjekten tief verankert ist und so ihr Wollen und ihre Emotionen bestimmt. Der Glaube, dass es echte moralische Intuitionen gibt, hat auch hierin seine Ursache. Intuiert wird in diesem Fall nämlich nur das, was das Subjekt an Bewertung zuvor in die Phänomene unbewusst hineinprojiziert hat. Daher sind diese scheinbar authentischen subjektiven Erfahrungen von angeblichen moralischen Sachverhalten Teil des moralistischen Verblendungszusammenhangs, da sie selbst in Begriffen des Moralismus gedeutet werden, ja noch schlimmer: moralistische Überzeugungen sind bereits Teil dieser Erfahrungen, denn die Emotionen sind ja selbst schon ein Teilprodukt entsprechender moralistischer Überzeugungen. Das eigene Fühlen und Wollen kann so kaum anders denn als echte Einsicht in das Richtige und Falsche interpretiert werden. Der Verblendungszusammenhang ist also gleich doppelt wirksam: er konstituiert die vermeintlich authentischen moralischen Erfahrungen mit und er bestimmt deren nachträgliche moralistische Interpretation. Und Menschen, die praktische Zusammenhänge anders beurteilen und bewerten, stehen dann schnell im Verdacht entweder moralblind oder unmoralisch zu sein.[3] In Wahrheit handelt es sich bei moralischen Intuitionen um echte Scheinevidenzen. Und diese lassen sich durchschauen und erklären. Letztlich ist es die wertgebende Funktion unserer Emotionen selbst, die bewirkt, dass uns die „Sachen selbst" als werthaltig entgegentreten. Emotionstheoretiker sprechen gerne von der „werterschließenden Funktion" von Gefühlen oder von emotionaler „Wertnehmung" (Husserl) als Analogon der Wahrnehmung und übersehen dabei, dass man ‚Werte' nur deshalb in der Wahrnehmung durch zusätzliche Wertnehmung vorfinden kann, weil

---

[3] Wenn man fragt, warum es solch moralistisch-deviante Menschen überhaupt gibt, so liegt das daran, dass nicht jeder Mensch in gleicher Weise verblendet ist. Menschen, die weder durch eine Religion noch durch zeitgenössische Moraldiskurse stark geprägt wurden, sind auch weniger vom moralistischen Schleier der Maja umfangen. Manche Menschen sind aber auch einfach von ihrer angeborenen charakterlichen Veranlagung her weniger für Normgebote empfänglich.

4 Die Begründung des Postmoralismus

man sie emotional auf unwillkürliche und vorbewusste Weise zuvor in die entsprechenden Phänomene gleichsam hineingelegt hat. – Dies geschieht ständig und zwar einfach dadurch, dass man stets irgendwie gestimmt ist, bestimmte Überzeugungen hat und daher auf bestimmte Weise emotional auf alles Mögliche reagiert. So wie das Sollen einem starken Wollen entspringt, so Werte aus den Emotionen und den darauf sich aufbauenden Werturteilen. Allerdings sind Emotionen selbst oft bereits durch Wertüberzeugungen mitbedingt. Wir werden auf diesen komplexen Zusammenhang weiter unten noch einmal zurückkommen.

Halten wir fest: Aus einem noch so starken und unbedingten Wollen lassen sich ebenso wenig kategorische Imperative und absolute Normen auf gültige Weise ableiten, wie aus starken Emotionen absolute Werte. Und auch dass meine Maximen sich als allgemeines Gesetz denken lassen müssten, ist nichts, was man mit irgendeinem Recht kategorisch fordern könnte. Es lässt sich schlicht keine Norm letztbegründen, die reine Vernünftigkeit legitimerweise vorschreiben könnte. Der diesbezügliche kantische Deduktionsversuch ist zwar aller Ehren wert, musste aber trotzdem scheitern: Denn auch Kant vermag nicht Unmögliches möglich zu machen. Ich kann natürlich wollen, ein reinvernünftiges Subjekt zu sein oder zu werden. Aber ich kann es ebenso nicht wollen. Es gibt einfach keinen letzten Grund, warum ich dies wollen *sollte!* – Ist es vernünftig, zu wollen, dass die Welt eine vernünftigere (und damit nach Kant: bessere) wird? – Vielleicht, vielleicht auch nicht. Was heißt hier ‚vernünftig' und warum sollte ich eine vernünftigere Welt wollen? – Also eine solche, die den angeblichen Forderungen der reinen praktischen Vernunft angemessener ist als die faktische Welt? Man wird hier nicht mit der zirkulären Antwort überzeugen wollen, dass eine vernünftigere Welt eine bessere wäre, weil eine bessere Welt eine vernünftigere ist. In Wahrheit gibt es hierauf keine reinvernünftigen Antworten. Als bedürftiges Wesen könnte ich an einer vernünftigeren Welt ein Interesse haben, weil ich mir hiervon persönliche Vorteile erhoffe nach dem Motto: ‚Geht es allen besser, geht es auch mir besser'. Dieser Gedanke ist aber leider nicht zwingend, denn ich könnte auch die Ausnahme sein, die die Regel bestätigt: Ich könnte ein Verlierer sein oder bleiben. Und pragmatischer und realistischer (ergo: vernünftiger) scheint es zudem zu sein, seinen Vorteil auf Kosten anderer zu suchen und zu finden (oder zumindest sich um das Wohl der anderen nicht zu bekümmern). Jedenfalls hat man schneller Erfolg, wenn man sich nicht primär um Weltverbesserung bemüht.

Eine zweite Antwort wäre: Ich liebe die Menschheit und möchte deshalb(!), dass es nicht nur mir, sondern allen besser gehen möge. Das können beides zweifellos echte Motive und echte Triebfedern (Egoismus, Liebe) sein. Sie sind nur keine, die sich aus der reinen praktischen Vernunft Kants herausvernünfteln lassen. Denn die einzige Triebfeder, die Kant als moralisch qualifiziert, ist die Achtung fürs Gesetz – ein vernunftgewirktes Gefühl. Dieses Gefühl mag es sogar bei einigen Verehrern der kantischen Moralphilosophie geben. Aber die wahren Motive, das kantische Moralprinzip ganz großartig zu finden, sind eben andere – nämlich absolut „heteronome" im kantischen Verständnis.

Nun sind wir weder reine Vernunftwesen noch ist die reine Vernunft unser wahres höheres Selbst (trotz unserer gemischten vernünftig-sinnlichen Verfasstheit); und es ist sogar fraglich, ob es solche reinen Vernunftwesen überhaupt geben kann (ein reiner Vernunftgott etwa). Aber unabhängig von dieser ontologischen Frage, gilt: Ich muss gar nichts vernünftigerweise wollen, schon

4 Die Begründung des Postmoralismus

gar nicht eine vernünftige Welt. Ja, ich kann sogar der mephistophelischen Meinung sein, dass die Welt besser nicht wäre, „denn alles, was entsteht, ist wert, dass es zugrunde geht".[4] Und hat diese Position nicht einiges für sich? In Wahrheit gibt es also überhaupt nichts, was absolut geboten oder verboten wäre. Weder aus der reinen Vernunft noch aus dem Willen lassen sich auf gültige Weise Kategorische Imperative oder absolute Normen und Werte ableiten. Aus Vernunft allein schon deshalb nicht, weil aus der vermeintlichen Tatsache, dass etwas vernünftig ist, niemals folgt, dass es auch unbedingt sein soll oder, dass ich es wollen soll. (‚In der Welt *soll* es vernünftig zugehen!' – Warum?) Und aus dem Willen lässt sich erst recht nichts ableiten, da ich zwar alles Mögliche wollen kann, hieraus aber niemals folgt, dass mein Wille unbedingt zu geschehen habe und anderen (und mir selbst) dadurch Befehl sei.

Sicher: Es mag vernünftig sein, vernünftig zu sein, aber eben nur dann, wenn es den eigenen Interessen dient, nicht weil es kategorisch geboten wäre. Anstatt nun widersinniger- und damit unvernünftigerweise trotzdem weiter krampfhaft an Moralbegründungsprojekten festzuhalten (oder noch schlimmer: sich mit erhobenem moralischem Zeigefinger über seine Mitmenschen zu erheben), will der Postmoralismus Ernst machen mit der Einsicht, dass sich kein Sollen aus irgendeinem Sein gültig deduzieren oder auf sonst irgendeine Weise ableiten lässt, und eben hieraus die entsprechenden radikalen Konsequenzen ziehen: Lässt

---

[4] Mephistopheles: „Ich bin der Geist, der stets verneint! Und das mit Recht; denn alles, was entsteht, ist wert, dass es zugrunde geht; drum besser wär's, dass nichts entstünde. So ist denn alles, was ihr Sünde, Zerstörung, kurz das Böse nennt, mein eigentliches Element." (Hamburger Ausgabe III. 1335 ff.) – S. ausführlich zu dieser Rechtsfrage: Ludger Lütkehaus: Nichts. Abschied vom Sein. Ende der Angst. Zürich 1999.

sich aus keinem Sein ein (gültiges) Sollen ableiten, dann bedeutet dies eben auch, dass es schlicht kein (wahres) absolutes Sollen gibt! – Denn was sollte es bedeuten, wenn man behauptete, es gäbe ein grundloses absolutes Sollen? Was prinzipiell nicht begründbar ist (von niemandem), das gilt auch nicht.

Man lasse sich nur nicht von Politiker- und Juristengerede in die Irre führen: Selbst das Grundgesetz und die sonstigen Rechtsnormen gelten nicht im strengen (weder im relativen[5] noch im absoluten) Sinne, sondern sie werden schlicht (zum Teil durchaus aus Überzeugung, zum Teil aber auch nur aufgrund von Gewöhnung oder aus Furcht vor Strafe oder sozialer Ächtung oder aus schierem Glaube an ihre Legitimität) befolgt. Und wer nicht folgt, bekommt schnell die staatliche Gewalt zu spüren. Recht und Gewalt (einschließlich der Androhung von Sanktionen) gehören ja bekanntlich zusammen – sie sind gleichsam wie Pech und Schwefel. Sie erscheinen wie zwei Seiten einer Medaille, gewissermaßen als Einheit von Geist/Wille und Kraft.[6] Dies ist jedoch nicht ganz richtig. In Wahrheit ist das Recht einseitig in der Gewalt fundiert, ohne die es sich nicht als wirksames Recht zur Geltung bringen ließe (denn es gibt ja eben auch ‚rechtlose' Gewalt).[7] ‚Sich zur Geltung bringen' ist

---

[5] ‚Relativ' meint hier: relativ auf einen Verfassungstext, zu einer bestimmten Zeit, an einem bestimmten Ort.

[6] Derrida schreibt zum Verhältnis von Recht und Gewalt treffend: „Als Mittel (be) gründet, setzt oder erhält alle Gewalt das Recht. Es ließe sich ihr sonst kein Wert beimessen. Keine Rechtsproblematik ohne diese Gewalt der Mittel. Konsequenz: jeder *Rechtsvertrag* gründet auf Gewalt. Es gibt keinen Vertrag, für den Gewalt nicht Ursprung und Ausgang wäre." (Jacques Derrida: Gesetzeskraft. Der „mystische Grund der Autorität". Frankfurt a. M. 1991. 97.) Vgl. zu diesem Thema auch: Christoph Menke: Recht und Gewalt. Berlin ²2011.

[7] Was passiert, wenn die Fundierung durch Gewalt fehlt, zeigte sich am Schicksal der Paulskirchen-Verfassung.

4 Die Begründung des Postmoralismus

aber nicht dasselbe wie ‚objektive Geltung' zu besitzen. Es ist tatsächlich fraglich, ob der Begriff der ‚objektiven Geltung' überhaupt irgendeinen Anwendungsbereich hat. (Selbst im Bereich der Erkenntnis geht es ja letztlich nicht um Geltung, sondern um Wahrheit; es wäre in den meisten Fällen daher korrekter schlicht von Wahrheitsansprüchen zu sprechen. Die Frage, ob ein Urteil zu Recht als wahr *gilt*, ist einfach die Frage danach, ob und warum dieses Urteil wahr ist.[8]) Mir scheint, dass es lediglich mehr oder weniger anerkannte Regeln und Normen gibt, von denen zwar behauptet wird, dass sie gelten. Sie ‚gelten' aber nur, solange sie niemand infrage stellt und sie auch gewaltsam durchgesetzt werden können.[9] Diese Art der Geltung ist aber keine absolute Geltung, sondern eher ein heteronomer Imperativ, verbunden mit einer Sanktionsandrohung. In Bezug auf Rechtsnormen ist das Wort ‚Geltung' letztlich nur ein Euphemismus für Gewalt (mögen die Rechtsnormen selbst auch als sinnvoll und gut erachtet werden). Erst die Sanktionsandrohung verleiht Rechtnormen logisch und faktisch gleichsam zurückwirkend eine Art faktischer (Pseudo-)Geltung.[10]

Legitim sind streng genommen nur solche Normen, denen ich explizit und freiwillig zugestimmt habe und an die ich mich somit willentlich und aus freien Stücken binde (dazu gehörte auch, dass ich mich mit der

---

[8] An der Unterscheidung von Genesis und Geltung ist zwar festzuhalten, nur sollte man ‚Geltung' durch ‚Wahrheit' ersetzen.

[9] Man hört in letzter Zeit wieder häufiger die Drohung von Politikern, dass diejenigen, die sich nicht an die „Regeln" halten, die volle Härte des Rechtsstaates zu spüren bekämen. Und das ist es, was sich hinter dem schönen Anstrich der Geltung verbirgt: die nackte Gewalt.

[10] Vgl. hierzu auch Peter Stemmer (Normativität. Eine ontologische Untersuchung. Berlin 2008.): Eine Norm existiert „da nicht, wo der Handlung, auf die die Norm zielt, keine Sanktion, weder eine primäre noch eine derivative, folgt." (181).

gewaltsamen Durchsetzung der vereinbarten Regeln einverstanden erkläre); dies kann auch in Form eines Vertrags geschehen, der eine bestimmte oder unbegrenzte Laufzeit hat. Bei Verfassungen ist das freilich eine unmögliche Forderung, denn es würde bedeuteten, dass *alle* (auch alle zukünftigen) Bürger der jeweiligen Verfassung zustimmen müssten, damit diese am Ende auch für alle legitimerweise gilt. Dies mag bei Vereinen möglich sein, denn der Beitritt zu einem Verein ist in der Regel freiwillig (und der Austritt ist auch möglich). Einem Staat tritt man dagegen nur selten freiwillig bei, etwa durch Einbürgerung. Aber auch eine Einbürgerung ist keine eigentliche verfassungslegitimierende Zustimmung. Es ist die Grundaporie des demokratischen Konstitutionalismus, dass Legitimation auf Zustimmung aller beruhen müsste (auch der Nachgeborenen, die dann auch wiederum abstimmen müssten), diese hundertprozentige Zustimmung aber niemals zustande kommen wird. Also entscheidet die Mehrheit letztlich diktatorisch über eine Minderheit. Wobei dies historisch betrachtet wohl sogar die Ausnahme sein dürfte und in der Regel eine Minderheit über die Köpfe der Mehrheit entscheidet, die sich dann zu fügen hat oder die auch auswandern kann, wenn es ihr ‚hier' nicht gefällt. Wobei man wiederum nur in andere ‚Verfassungen' einwandern kann, was das Problem nicht beseitigt. Aber selbst wenn alle jetzt und in Zukunft der verfassungsmäßigen Ordnung explizit zustimmen würden, ergäbe sich daraus keine absolute Geltung, sondern nur eine Form der Selbstbindung durch gemeinsame Regeln. Die Ordnung wäre dann tatsächlich legitim, aber ihre Geltung speiste sich gewissermaßen aus den einzelnen Willen der ‚Vertragspartner'. Und eine Verfassung, die durch Zustimmung aller zustande kommt und hierdurch ihre Legitimität erhält, ist nichts anderes als ein bindender Vertrag (der überhaupt erst alle anderen Verträge rechtslogisch ermöglicht). Auch ein solcher ‚ewiger' Vertrag wird jedoch zum Zwang und zur Fremdbestimmung, wenn man (aus welchen Gründen auch immer) aussteigen möchte. Dann ist es nämlich zu spät und Autonomie schlägt wieder in heteronomen Zwang um.

Auf dem Gebiet der späteren BRD gab es keine legitimierende Volksabstimmung nach dem Mehrheitsprinzip, sondern eine Verfassung von oben – abgesegnet von den Siegermächten, aber ohne explizite Zustimmung der Betroffenen (des alten und neuen Demos), also der Unterworfenen. – Der Demos wurde ‚verfasst', hat sich aber eben selbst keine Verfassung gegeben. Und wer zum Demos gehört, bestimmte (und bestimmt) ja auch letztlich erst das Grundgesetz (Art. 116) und das Staatsangehörigkeitsrecht (bzw. dessen jeweilige Autoren). Und nach der Wiedervereinigung wurde dieses Versäumnis auch nicht nachgeholt. Stattdessen hat man sich die Mär ausgedacht, dass wer sich an Wahlen beteiligt und ansonsten verfassungstreu verhält doch wohl damit der politischen Ordnung zustimmt. Wenn man dies ernsthaft glaubt, dann sollte man auch die hohe Wahlbeteiligung in den sozialistischen Staaten als Legitimation der damaligen politischen Ordnung anerkennen und etwa die friedliche Revolution von 1989 als illegitimen Putsch bezeichnen. Aber so oder so wäre der Mehrheitsentscheid natürlich keine Auflösung der Aporie der Legitimation, sondern nur der pragmatische Weg, diese zu ignorieren. Man verstehe mich nicht falsch: Ich behaupte nicht, dass das Grundgesetz per se eine schlechte verfassungsmäßige Ordnung sei. Um die Frage der Güte speziell des Grundgesetzes geht es hier schlicht nicht, sondern um die Frage der Normbegründung und Normlegitimation. Und diese ist für Verfassungen immerhin in der Theorie denkbar, wenn auch praktisch nicht realisierbar. Und daher ist es richtig zu sagen, dass das Grundgesetz zwar eine reale und wirkmächtige Größe ist, welche unser Zusammenleben bestimmt, dass es aber nicht nur nicht in einem strengen und absoluten Sinne gilt (wie das moralische Normen für sich beanspruchen), sondern noch nicht einmal legitim ist, denn nur solche Normen sind legitim, denen ich mich freiwillig unterworfen haben, was gleichbedeutend ist, dass ich damit nur meinem eigenen Willen folge. Aber wehe mein Wollen ändert sich!

Absolute oder zeitlich befristete Geltung für Verfassungen zu fordern ist widersinnig, deren Legitimation einzufordern immerhin eine quasi-unmögliche Forderung. Daher sagte ich oben, dass das Grundgesetz streng genommen nicht objektiv gilt (im Sinne von: legitim ist). Die Herrschaft von Gesetzen hängt eben gerade nicht an ihrer Legitimation und Geltung, auch wenn wir gewohnt sind, so zu denken und zu sprechen, etwa wenn wir wissen wollen, was denn nun ‚gilt' (z. B. auf deutschen Straßen, in pandemischen Zeiten, im Steuerrecht etc.).

Man kann natürlich kritisch einwenden, dass man doch bei Gesetzen immerhin von faktischer Geltung sprechen könne. Und ich hatte selbst oben von ‚faktischer Geltung' gesprochen. Doch was heißt hier ‚Geltung'? Doch nichts anderes, als dass diese Gesetze nicht nur auf dem Papier *sanktionsbewehrt* sind, sondern faktisch – im Zweifel mit Gewalt – durchgesetzt werden bzw. eine Rechts‚verletzung' durch Bestrafung des Verletzers ‚geheilt' werden muss (also durch Gegenverletzung). Die faktische Geltung von Gesetzen ist damit eine direkte Funktion ihrer gewaltsamen Durchsetzung und damit Aufrechterhaltung. Das Wort ‚Geltung' ist, wie schon erwähnt, ein reiner Euphemismus für Befehl, Einforderung von Gehorsam, Strafe, also letztlich: Gewalt. Politiker drücken dies gerne verharmlosend so aus, dass sich jeder an die *gemeinsamen* Regeln halten müsse. Gemeinsame Regeln sind aber Regeln, die sowohl in einer parlamentarischen Demokratie als auch in autoritären Staaten von einer winzigen

4 Die Begründung des Postmoralismus

Minderheit für alle erlassen werden (manchmal auch nur für einige). Sie sind jedenfalls nicht gemeinsam beschlossen worden. Man sollte daher nicht von geltenden Gesetzen, sondern ausnahmslos von herrschenden Gesetzen sprechen; nicht in dem Sinne, dass Gesetze echte herrschende Subjekte wären, aber doch in dem Sinne, dass sie menschliche Willenssetzungen sind, die nicht gelten, sondern regulierend wirken sollen (durch Strafandrohung und bei Zuwiderhandlung durch Strafe). Daher treten Gesetze und Verordnungen auch „in Kraft", was sie natürlich nur dann tun können, wenn hinter ihnen auch eine Kraft steht, die sich als Staatsgewalt, letztlich als ‚Polizeigewalt', manifestiert.[11] Denn Gesetze als solche sind Sätze und als solche kraftlos. Ohne Gewalt wären sie „Schall und Rauch". Es scheint mir daher richtig zu sein, in Bezug auf Gesetze (einschließlich Verfassungen und Grundgesetze) nicht mehr von faktischer Geltung zu sprechen. Gesetze herrschen oder sie herrschen nicht (sondern stehen nur auf dem Papier), aber sie gelten nicht.[12]

---

[11] Das, was man gewöhnlich unter Polizeigewalt versteht, stellt letztlich selbst eine Rechtsverletzung dar. In Staaten jedoch, in denen die Polizei alles darf, gibt es im Grunde keine illegale Polizeigewalt.

[12] Vgl. zu diesem Problemkomplex auch Rüdiger Bittner: Bürger sein. Eine Prüfung politischer Begriffe. Berlin, Boston 2017. Kap. VI: Demokratie. Bittner weist zu Recht darauf hin, dass man dem Grundgesetz nicht trauen darf, dass es „die Wahrheit spricht", wenn es sagt, das deutsche Volk habe sich das Grundgesetz gegeben. Zweifel an dieser Aussage sind zunächst dadurch begründet, dass das Grundgesetz nie dem deutschen Volk zur Abstimmung vorlag, sondern nur von den Parlamenten der Länder gebilligt wurde. Deren Zustimmung aber bedeutet nicht, dass das deutsche Volk sich das Grundgesetz gegeben hat. Denn die Parlamente der Länder waren nur das, Parlamente dieses oder jenes Landes, hatten aber keinen Auftrag, eine Bundesverfassung zu geben oder zu ratifizieren. […] Zudem bestünden die Zweifel auch dann fort, wenn es im Mai 1949 im damaligen Bundesgebiet eine Volksabstimmung gegeben hätte, in der das Grundgesetz eine große Mehrheit fand. Denn das Volk sind alle Staatsangehörigen, doch sicher hätten nicht alle Staatsangehörigen bei jener Abstimmung für das Grundgesetz gestimmt. Also hätte auch in diesem Fall nicht das Volk das Grundgesetz gegeben, sondern nur ein Teil des Volks,

Im Unterschied zu Verfassungen, deren temporäre Legitimität sich aus der expliziten Zustimmung aller ihnen nachher Unterworfenen speisen würde, lassen sich moralische Normen überhaupt nicht auf überzeugende Weise begründen, außer man fasst sie zudem als Rechtsnormen. Aber wie wir gesehen haben, führt dies höchstens dazu, dass sie vermittelt über die Staatsgewalt zu *wirkmächtigen* Normen werden. Geltungslogisch ist hierdurch nichts gewonnen. Die absolute und damit überzeitliche, übersubjektive und territorial nicht eingrenzbare Geltung einer moralischen Norm kann nämlich nicht von der Zustimmung aller oder der Mehrheit abhängen (und wer wäre hier ‚alle'?) oder von der Macht, die hinter ihr steht (die Macht der Mehrheit, des Staates, der Kirche oder Gottes). Denn entweder ist beispielsweise Mord absolut moralisch verboten oder falsch, oder eben nicht. Ein Mord würde nicht dadurch moralisch legitim, dass er allgemein als Praxis anerkannt würde oder von Gott befohlen und gewollt wird (im letzteren Fall ginge es einem solchen Gott ja vermutlich auch nur um einen perversen Treuebeweis). Die Geltung des moralischen Sollens hängt also nicht von der Zustimmung und damit auch nicht vom faktischen Willen der handelnden Subjekte ab. Wovon hängt sie dann ab? Wie gesagt: Sie hängt von gar nichts ab und kann es auch nicht, da sie eben an keinem

---

wenn auch eine Mehrheit. Diese Schwierigkeit kehrt beim wirklichen Ablauf wieder, denn die Länderparlamente waren wieder nur mehrheitlich gewählt und haben ihrerseits nur mehrheitlich das Grundgesetz gebilligt. Das Volk, gleich alle Staatsangehörigen, tritt somit niemals auf, weder im fiktiven noch im realen Ablauf. Das Volk hat somit nicht das Grundgesetz gegeben, entgegen der Behauptung der Präambel. Es hat darum auch nicht den Bundestag zur Gesetzgebung ermächtigt. Wie Böckenförde aber sagt, ‚die verfassungsgebende Gewalt des Volkes ist ein politischer Legitimationsbegriff': Wenn das Volk die Verfassung nicht gegeben hat, ist der Bundestag nicht legitimer Gesetzgeber." (119).

Seienden ‚hängen' kann (Sein-Sollen-Fehlschluss). Der Glaube, es müsse doch ein absolutes moralisches Richtig und Falsch geben, ist ein falscher Glaube, der seine Kraft, wie wir gesehen haben, aus unserem Willen und dessen emotionalen Energien speist. Hinter dem absoluten moralisch Richtigen verbirgt sich in Wahrheit ein ‚Ich will dies unbedingt' und hinter dem absoluten moralisch Falschen ein ‚Ich will dies unbedingt nicht' – bestenfalls. Die fixe Idee des absoluten moralischen Sollens und des absoluten moralischen Richtigen und Falschen, die uns schon zu lange (erst als Platonismus, dann als Theismus und schließlich als moderne Moralphilosophie) in die Irre geführt hat, hat also eine anthropologische Wurzel: nämlich unseren Willen oder präziser: unser geistig-volitives Ich (als conditio sine qua non). Wir betrügen uns selbst, wenn wir an ein absolutes moralisches Sollen glauben. Der Glaube an ein unbedingtes Sollen ist Selbstbetrug und die Idee einer objektiven Moral Blendwerk. In Wahrheit ist jede herrschende Moral ein Stück Ideologie und die philosophische Ethik eine Pseudowissenschaft (oder schlechte Metaphysik).

Es gibt zwar ein gewolltes Sollen (z. B. in Form von Rechtsnormen oder in Gestalt überkommener Sitten und Gepflogenheiten), aber es gibt kein absolutes, unbedingtes Sollen; und damit gibt es natürlich auch kein absolutes Sollen, das sich einsichtig begründen ließe. Und wenn dies so ist, dann sollte man konsequenterweise zugestehen, dass moralistische Forderungen geltungslogisch betrachtet nichtig sind!

Auch aus vermeintlich absoluten Werten ließe sich übrigens kein Sollen deduzieren, weil auch diese eine Art Seiende wären (wenn es sie denn gäbe, was nicht der Fall ist): Aus dem Satz: ‚Gerechtigkeit ist ein absoluter Gutwert' folgt nicht „Du *sollst* Gerechtigkeit verwirklichen". Denn nur weil etwas gut ist, muss oder soll es deswegen noch lange nicht sein. Der Übergang vom Wert zur (imperativen) Norm bedarf eines außertheoretischen Mittelgliedes, nämlich (eines oder) mehrerer geistig-volitiver Subjekte, die wollen, dass das Gute realisiert wird, und dabei dann leider häufig ihren diesbezüglichen Willen als absolutes Sollen ausgeben. Hinter jeglichem angeblich objektiven Sollen steckt letztlich stets ein subjektives Wollen. Zwischen Wert und Norm existiert recht besehen kein logisch-deduktiver Zusammenhang, sondern höchstens ein scheinbarer oder nur unterstellter. Es handelt sich hier um einen axiologischen Schein, der dadurch zustande kommt, dass die subjektive willentliche Bejahung eines (vermeintlichen) Wertes als eine Art (onto-)logisches Band zwischen Wert und Norm missinterpretiert wird. Alternativ wird auch gerne behauptet, dass bereits im Wert selbst das Sollen stecke.[13] In Wahrheit ist dieses implizite Sollen aber wiederum das eigene Wollen, das allerdings gleichsam ‚im' Wert liegen kann, insofern dessen Verwirklichung eben unbedingt gewünscht wird. Das gegenständliche Korrelat des Wünschens ist nämlich das Erwünschte – hier: ein Wert. Aber nur weil ich möchte, dass ein Wert in der Welt verwirklicht wird, z. B. Gerechtigkeit, folgt daraus nicht, dass die Verwirklichung von Gerechtigkeit kategorisch geboten sei. Sicher: Ich kann *unbedingt* wollen, dass etwa in der Welt alles gerecht zugeht, aber dies ändert nichts daran, dass eben ich es bin, der dies will. Indem ich meinen

---

[13] So behauptet etwa Max Scheler (Der Formalismus in der Ethik und die materiale Wertethik. Neuer Versuch der Grundlegung eines ethischen Personalismus (hrsg. v. Christian Bermes). Hamburg 2014.), „dass alles Sollen in Werten fundiert sein muss, d. h. nur Werte sein sollen und nicht sein sollen" (113). Und: „Alle ‚Sollensnotwendigkeit' geht auf die *Einsicht in apriorische* Zusammenhänge zwischen *Werten* zurück; *niemals* aber jene auf eine Notwendigkeit des Sollens!" (105).

Willen in einen kategorischen Imperativ umfälsche (was, wie gesagt, auch mit Selbstbetrug einhergehen kann), werde ich (wissentlich oder unwissentlichen) zu einem moralistischen Verblender und Obskurantisten. Der Wille zur Macht ist daher eine wesentliche Wurzel des moralistischen Verblendungszusammenhangs, denn jener steht hinter dem Betrug (mag die Macht dabei auch nur als Mittel fungieren). Der Intellekt und die Erkenntnis sind, wie Schopenhauer richtig sagt, „fast immer [...] vom Willen bestochen".[14]

Aber der Postmoralismus verneint auch die Existenz absoluter Werte. Denn was ist denn ein Wert anderes als die problematische Hypostasierung des noematischen Korrelats einer subjektiven Wertung? Und was sind Wertungen anderes als (emotionale und/oder urteilsförmige) Bewertungen, also ‚Wert'gebungen? Aber dies ist noch sehr ungenau ausgedrückt. In Wahrheit wird irgendetwas, was an sich überhaupt kein Wert ist, positiv bewertet (Wertgebung) und dann in einen Wert, oft in einen Wert an sich, verwandelt, ja verzaubert. Es hat etwas Magisches, wie hier vermeintlich Stroh zu Gold gesponnen wird; leider handelt es sich nur um eine Mogelei oder eben (Selbst-)Verblendung. Machen wir uns dies am Beispiel der Gerechtigkeit klar. Man kann diesen Begriff zunächst rein deskriptiv fassen. Eine bereits aus der Antike stammende allgemeinste Bestimmung lautet zum Beispiel: Gerecht sei, jedem das seine zu gewähren: „suum cuique tribuere". Da dies eine sehr formale Bestimmung ist, kommt man nicht umhin, diese Gattungsbestimmung durch verschiedene Arten von Gerechtigkeit zu spezifizieren (z. B. Verteilungsgerechtigkeit, ausgleichende

---

[14] Arthur Schopenhauer: Die Welt als Wille und Vorstellung I (hrsg. v. Ludger Lütkehaus). Zürich 1999. 472.

Gerechtigkeit, Chancengerechtigkeit etc.).[15] Jeweils wird angegeben, welche Kriterien erfüllt sein müssen, damit eine Praxis oder eine Person zu Recht als gerecht bezeichnet werden kann. Aber aus der Idee der Gerechtigkeit folgt eben nicht, dass Gerechtigkeit an sich auch ein Wert, ja ein absoluter Gutwert sei. Das Prädikat ‚gut' geht vielmehr auf eine Wertung von Subjekten zurück. Und aus der Bewertung von gerechten Verhältnissen als gut (das Wertprädikat ‚gut' ist hier das noematische Korrelat der subjektiven Wertung), wird unter Umständen in mehreren Schritten *die* Gerechtigkeit als absoluter Wert geboren, indem aus dem Für-gut-Halten gerechter Verhältnisse erst das Gutsein von Gerechtigkeit überhaupt und daraus dann schließlich ‚*der* Wert der Gerechtigkeit überhaupt' kreiert wird. Und hieraus wird dann wieder auf ungültige Weise abgeleitet: Gerechtigkeit *soll* herrschen, denn was absolut gut ist, soll auch sein! Dabei folgt aus dem ersten Satz höchstens: ‚Ich bin es, der will, dass Gerechtigkeit herrscht'. Nur weil ich oder auch *wir* etwas gut finden, bedeutet dies jedoch nicht, dass es deshalb einen entsprechenden absoluten Wert gibt, den wir irgendwie erkannt hätten als wir zu werten begannen. ‚Gut an sich' ist ein Widersinn! Im reaktiven Gefühl (also einem Gefühl, welches durch etwas Anschauliches oder Gedankliches motiviert/hervorgerufen wurde) oder auch schon in manchen Sinnesempfindungen ist mir vorprädikativ etwas als gut oder schlecht, angenehm oder unangenehm, begehrenswert oder verabscheuungswürdig, bewundernswert oder verachtenswert, liebenswürdig oder hassenswert etc. gegeben. Aber es ist eines zu sagen, ‚etwas scheint mir gut (für mich oder XY) zu sein', ein anderes,

---

[15] Vgl. Otfried Höffe: Gerechtigkeit. Eine philosophische Einführung. München ³2017.

4 Die Begründung des Postmoralismus

‚etwas ist tatsächlich gut für mich (oder XY)', und noch einmal etwas anderes ist die (widersinnige) Behauptung, ‚etwas sei gut an sich'. Einmal abgesehen davon, dass die Rede von einem Guten an sich einen sprachlichen Missbrauch darstellt – denn so wie wir das Wort ‚gut' alltagssprachlich gebrauchen, meinen wir damit fast ausnahmslos ein ‚*gut für* dies oder jenes' (Mittel für die Realisierung eines Zweckes) und damit immer auch ein ‚*gut für* bestimmte Personen oder Lebewesen' –, kann man sich zusätzlich noch einsichtig machen, dass die Grammatik von ‚gut' (und ‚schlecht') nicht zufällig deren Relationalität behauptet, nämlich deren Relativität auf subjektive Zwecksetzungen und auf wertende Subjekte selbst. ‚Gut' ist überhaupt keine subjektunabhängige intrinsische Eigenschaft von irgendetwas. Als subjektunabhängige intrinsische (evaluative) Eigenschaft ist ‚gut' schlicht nicht aufweisbar, ja noch nicht einmal vorstellbar. ‚Gut' ist etwas immer für jemanden. Wobei damit wahrscheinlich noch zu wenig gesagt ist. Denn ohne vorausgesetzte Zwecke (die wiederum Zwecke von Subjekten sind) oder zumindest ohne subjektive Wertung, ist es letztlich unsinnig von gut oder schlecht zu sprechen. Ein Fahrzeug ist gut, um von A nach B zu gelangen. Aber dies auch nur, wenn es Subjekte gibt, die das überhaupt wollen – also für diese. Und ein guter Wein ist gut, weil er mir gut schmeckt, also für mich. Dir schmeckt er vielleicht nicht gut. Daher ist er *für Dich* auch kein guter Wein. Oder nehmen wir noch dieses Beispiel: Sage ich: „Ausreichend Wasser, Nährstoffe und Licht sind gut für meine Zimmerpflanze", dann ist das zwar ein absolut verständlicher Satz. Aber hat die Pflanze sich das Ziel gesetzt, zu gedeihen? – Wohl kaum. Aber es ist genau das, was *ich* möchte. Daher ist Wasser gut für meine Pflanze, weil es *meinem* Zweck dient: dass meine Zimmerpflanze wächst und gedeiht und ich mich daran erfreuen kann. Sicherlich braucht die Pflanze Wasser,

Nährstoffe, Licht etc., um zu leben und zu wachsen. Aber dass dies so sein soll oder, dass es an sich gut sei, folgt hieraus nicht. Auch das Leben als Ganzes soll nicht sein (soll freilich auch nicht nichtsein). Es sei denn, es gäbe einen göttlichen Designer, der dies so wollte. Aber dann soll das Leben nur in dem Sinne sein, wie meine Zimmerpflanze prosperieren soll: weil es jemand so *wollte* oder auch immer noch *will*. – Das Sollen ist hier wieder ein hypothetisches, d.i. durch einen Willen und dessen Ziele bedingtes. Sport ist gut für mich? – Ja, wenn mir meine Gesundheit wichtig ist. Ansonsten *befördert* Sport zwar vielleicht trotzdem meine Gesundheit (was Sport betrifft, sind die Meinungen bekanntlich geteilt) und in diesem kausalen (nicht evaluativen) Sinne ist Sport ‚gut' (kausalförderlich) für meine Gesundheit. Aber dass Gesundheit und Sport im evaluativen Sinne gut sind, setzt eine entsprechende positive Bewertung voraus. – Und diese gründet wiederum im Selbstinteresse. Aber aus diesem folgt sie wiederum nicht mit Notwendigkeit. „Live fast die young" ist für manche durchaus auch eine gute Devise, aber eben keine gesunde. Dass wir bei Lebewesen völlig selbstverständlich das Lebensförderliche als gut beurteilen, liegt wahrscheinlich daran, dass wir jedem Lebewesen ein Interesse am eigenen Fortbestand unterstellen. Aber dies ist eben nur eine Unterstellung. Und die Lebensformen, die wir als Unkraut und Ungeziefer bezeichnen, bewerten wir (im Westen) zudem zumeist auch völlig anders. Sie sollen nicht sein. Jedenfalls nicht da, wo sie uns stören. Daher töten oder vernichten wir sie. Und man denke an den eigentlichen Wert der Nutztiere für uns. Deren Gesundheit ist eigentlich bis heute kein Wert oder Zweck an sich. Aber selbst wenn dies so wäre, handelte es sich bei einem solchen *Wert an sich* immer noch um einen *Wert für uns,* also nicht um einen von jeglicher subjektiven Wertgebung unabhängigen Wert.

4 Die Begründung des Postmoralismus

Allerdings gibt es eine *scheinbar* nicht-relationale Verwendungsweise von ‚gut', wenn ‚gut' als Gegensatz zu ‚böse' gebraucht wird. Dann meint ‚gut' aber trotzdem keinen subjektunabhängigen Wert an sich, sondern die Wertkomponente dieses ‚dichten' Begriffs resultiert ebenfalls aus einer Wertgebung. Schopenhauer hat zu den Verwendungsweisen von ‚gut' und ‚schlecht' bzw. von ‚gut' und ‚böse' sehr Wesentliches gesagt, weshalb ich hier eine längere Passage zitieren möchte:

Der Begriff ‚gut', so Schopenhauer, „ist wesentlich relativ und bezeichnet die *Angemessenheit eines Objekts zu irgendeiner bestimmten Bestrebung des Willens*. Also alles, was dem Willen in irgendeiner seiner Äußerungen zusagt, seinen Zweck erfüllt, das wird durch den Begriff *gut* gedacht, so verschieden es auch im Übrigen sein mag. Darum sagen wir: gutes Essen, gute Wege, gutes Wetter, gute Waffen, gute Vorbedeutung usw., kurz, nennen alles gut, was gerade so ist, wie wir es eben wollen; daher auch dem einen gut sein kann, was dem andern gerade das Gegenteil davon ist."

Und weiter heißt es:

„Der Begriff des Guten zerfällt in zwei Unterarten: nämlich die der unmittelbar gegenwärtigen und die der nur mittelbaren, auf die Zukunft gehenden Befriedigung des jedesmaligen Willens: d. h. das Angenehme und das Nützliche. – Der Begriff des Gegenteils wird, so lange von nichterkennenden Wesen die Rede ist, durch das Wort *schlecht*, seltener und abstrakter durch *übel* ausgedrückt, welches also alles dem jedesmaligen Streben des Willens nicht Zusagende bezeichnet. Wie alle anderen Wesen, die in Beziehung zum Willen treten können, hat man nun auch Menschen, die den gerade gewollten Zwecken günstig, förderlich, befreundet waren, *gut* genannt, in derselben Bedeutung und immer mit Beibehaltung des Relativen, welches sich z. B. in der Redensart zeigt:

‚Dieser ist mir gut, Dir aber nicht'. Diejenigen aber, deren Charakter es mit sich brachte, überhaupt die fremden Willensbestrebungen als solche nicht zu hindern, vielmehr zu befördern, die also durchgängig hilfreich, wohlwollend, freundlich, wohltätig waren, sind wegen dieser Relation ihrer Handlungsweise zum Willen anderer überhaupt *gute* Menschen genannt worden. Den entgegengesetzten Begriff bezeichnet man im Deutschen, und seit etwan hundert Jahren auch im Französischen, bei erkennenden Wesen (Tieren und Menschen) durch ein anderes Wort als bei erkenntnislosen, nämlich durch böse, *méchant*, während bei fast allen anderen Sprachen dieser Unterschied nicht stattfindet [...]."[16]

‚Gut' ist hiernach also gleichbedeutend mit: ‚den Bestrebungen eines bestimmten Willens gemäß sein'.

‚Schlecht' ist hiernach gleichbedeutend mit: ‚den Bestrebungen eines bestimmten Willens zuwider sein'.[17]

Auch das Gegensatzpaar ‚gut' – ‚böse' wird von Schopenhauer in Relation zu dem Willen desjenigen gesetzt, der andere Menschen (und Tiere) als gut oder böse bezeichnet. Ich werde hieran anknüpfend einen postmoralischen Begriff des Guten und Bösen ableiten, dabei jedoch die Wertkomponente und damit auch die

---

[16] Arthur Schopenhauer: Die Welt als Wille und Vorstellung I (hrsg. v. Ludger Lütkehaus). Zürich 1999. 466.

[17] Wenn George Edward Moore (Principia Ethica (übers. v. Burkhard Wisser). Hamburg 1996.) schreibt, dass ‚gut', „sofern wir damit eine Eigenschaft meinen, die wir einem Ding zuschreiben, das wir mit gut bezeichnen, im entscheidenden Sinne des Wortes keiner Definition fähig" (39) sei, dann irrt er schlichtweg. Die Begründung, die Moore gibt, lautet: „Der entscheidende Sinn von ‚Definition' ist derjenige, wonach eine Definition feststellt, welches die Teile sind, die unveränderlich ein bestimmtes Ganzes bilden, und in diesem Sinne entzieht sich ‚gut' jeglicher Definition, da es einfach ist und keine Teile hat." (39 f.) – ‚Gut' ist eben keine subjektirrelative Objekteigenschaft, weshalb die entsprechende Definition eine (subjekt-)relationale sein muss. Und genau eine solche Begriffsbestimmung präsentiert uns Schopenhauer.

4 Die Begründung des Postmoralismus

evaluative Relation auf den Willen des Bewertenden abscheiden. Es lässt sich so ein nicht-relativer und rein deskriptiver Begriff des Bösen (wie des Guten) gewinnen. Natürlich beruht die Zuschreibung von ‚gut' oder ‚böse' immer auf einem Akt der Zuschreibung. Und böse Absichten und Taten stehen immer in Relation zu anderen Subjekten. Und diese Relationalität ist unauslöschlich. Und daher bleiben auch die postmoralischen Begriffe von ‚gut' und ‚böse' in diesem (fast schon trivialen Sinne) relational. Nur die evaluative Relationalität fällt weg. ‚Gutsein' und ‚Bösesein' bezeichnen dann Sachverhalte in der Welt; und dasjenige, was sie bezeichnen, ist dann der Prätention nach nicht in der Weise subjektrelativ wie die Korrelate subjektiver Wertungen subjektrelativ sind: Jemand oder etwas ist dann unabhängig von jeglicher Deskription oder Zuschreibung oder Wertung gut oder böse. Das heißt: Es gibt das Gute und das Böse in der Welt als wertungs- und zuschreibungsunabhängige Eigenschaften (s. hierzu das nächste Kapitel).

Schopenhauer selbst liefert in der zitierten Passage zunächst nur eine Analyse des Sprachgebrauchs. Man könnte noch darauf hinweisen, dass der tatsächliche Sprachgebrauch einen wichtigen Unterschied verdeckt, der sich wiederum auf das Problem der Angemessenheit (oder Wahrheit) bezieht: Es ist ja ein Unterschied, ob etwas tatsächlich (objektiv) meinem Willen und meinen Zwecken (also insgesamt meinen Bestrebungen) gemäß oder zuwider ist, oder ob mir dies nur so scheint. Und dies gilt sowohl für das Angenehme als auch für das Nützliche. Etwas kann z. B. als angenehm angesehen werden, enttäuscht dann aber oder erweist sich als für mich schädlich. Wenn etwas tatsächlich als angenehm empfunden wird, ist es sicherlich schwierig, hier von einer Täuschungsmöglichkeit hinsichtlich des aktuellen Empfindens auszugehen. Nichtsdestotrotz kann etwas, das momentan angenehm ist, unangenehm werden (z. B. ein Sonnenbad, das einen Sonnenstich oder einen Sonnenbrand zur Folge hat). Oder es wird subjektiv als angenehm empfunden, ist aber toxisch (z. B. bestimmte Substanzen) und damit zugleich schlecht (bezogen auf die Gesundheit, wenn diese als erstrebens- bzw. erhaltenswert, somit als ‚gut' bewertet wird). Es gibt also eine Diskrepanz zwischen dem, was den Bestrebungen meines Willens wirklich gemäß ist und dem, was ich fälschlicherweise so beurteile und bewerte. Und es gibt auch Kollisionsphänomene, wenn etwa das Angenehme, das als Angenehmes meinem Willen gemäß ist, zugleich anderen Bestrebungen meines Willens zuwiderläuft und insofern schlecht ist. Oder wenn der Einsatz ‚guter' (brauchbarer) Mittel unliebsame Folgen zeitigt. Nichtsdestotrotz ist die schopenhauersche (sprachanalytische) Begriffsbestimmung sehr treffend, gerade weil sie die Frage der *Angemessenheit* der Urteile und Einschätzungen der Willenssubjekte außen vorlässt. Denn Subjekte halten Dinge, Subjekte, Zustände etc. für gut vor dem Hintergrund ihrer *subjektiven* Einschätzungen. Trotzdem ist es wichtig, explizit darauf hinzuweisen, dass ‚gut' und ‚schlecht' eben auch relativ auf unsere tatsächlichen Zwecksetzungen sind (die man im Begriff des Strebens mitdenken muss). Das Angenehme ist jedenfalls nicht immer das per se Gute für mich und das Unangenehme (z. B. eine Zahnwurzelbehandlung) nicht das per se Schlechte.

Doch kann man den richtigen Gebrauch von ‚gut' und ‚schlecht' ernsthaft von einer vorhergehenden Zwecksetzung abhängig machen? Die Alternative bestünde freilich wieder darin, Werte (oder Zwecke) an sich (wie Gesundheit, Eudämonie, das Leben als solches etc.) zu behaupten; – doch die gibt es ontologisch betrachtet nicht (wie wir gesehen haben). Überlegen wir näher: Ein Kind, das auf die heiße Herdplatte fasst, trägt schmerzhafte

4 Die Begründung des Postmoralismus

Verletzungen davon. Nehmen wir an, dass es noch zu gar keiner lebensbezogenen Zwecksetzung fähig war: Soll man dann sagen, dass dieses Malheur weder gut noch schlecht ist? Den Unfall (oder wie man den Vorfall auch bezeichnen mag) wird das Kind sicherlich retrospektiv als negatives Erlebnis bewerten. Insofern könnte man sagen, dass etwas auch erst retrospektiv und nachträglich ‚schlecht' im evaluativen Sinne werden kann, weil das Subjekt eben erst durch Erfahrung erkannt hat, was seinem Streben nicht gemäß ist (und damit aus Erfahrung bzw. Schaden klug geworden ist). Wenn nichts an sich einen Wert hat, dann wird etwas erst dann relativ auf ein bewertendes Subjekt ‚gut' oder ‚schlecht', wenn dieses Subjekt eben entsprechend wertet – und nicht früher. Jeder Unfall ist zunächst einmal ein Ereignis, dem ontologisch betrachtet überhaupt kein Wert zukommt, solange dieses niemand bewertet. Die Bewertungen leisten dann das ‚Opfer' oder andere Menschen. Und die Bewertung kann dabei auch völlig gegensätzlich ausfallen – man denke an das Phänomen der Schadenfreude. Oder man denke auch an das deutsche Sprichwort: „Des einen Leid ist des anderen Freud".

Allerdings ist z. B. Schmerz schon in sich evaluativ, wodurch sich die Sache mit den Wertungen doch erheblich verkompliziert. Zudem verbirgt sich hinter dem Begriff des Angenehmen eine Doppeldeutigkeit: Ein Mensch oder eine peinliche Situation ist mir in einem anderen Sinne unangenehm als eine bittere Medizin (die im Sinne des Nützlichen vielleicht sogar ausgesprochen gut im Sinne von ‚gesundheitsförderlich' ist). Im ersten Fall peinigen mich vor allem negative (unangenehme) *Gefühle* (wie Scham, Ekel, aufreibende Antipathie etc.), im Falle der bitteren Medizin ist es aber primär schon die Geschmacksempfindung selbst, die unangenehm ist (und auf die ich auch noch mit emotionaler Abscheu reagieren kann). Und wie man letztlich negative Empfindungen und Gefühle (bezogen auf unsere höchsten Lebensziele) bewertet, ist noch einmal etwas völlig anderes. Wenn ein Mensch bei mir negative Gefühle hervorruft, kann dies ja durchaus für mich nützlich, mithin gut sein, denn womöglich ist dieser Mensch in einem tatsächlichen Sinne schlecht für mich. Auch Schmerz ist in den meisten Fällen unangenehm. Aber er zeigt mir vielleicht an, dass etwas nicht in Ordnung ist und ist mir daher nützlich, also gut für mich (was aber nicht immer der Fall ist)! Ich werde auf die phänomenale Differenz beider Wertungsquellen gleich noch näher eingehen.

Beim von Schopenhauer angeführten Gebrauch von ‚gut' versus ‚böse' (‚Person X ist ein guter/böser Mensch.'; „Achse des Bösen") ergibt sich natürlich auch das Problem von Schein und Sein. Und es gilt hier zudem einen deskriptiven und konstatierenden Gebrauch dieser Prädikate von deren zusätzlicher Evaluation zu unterscheiden. Ich werde, wie bereits erwähnt, im nächsten Kapitel ausgehend von Schopenhauer die Begriffe von ‚Gut' und ‚Böse' rein deskriptiv fassen, wodurch sich deren postmoralische Fassung ergibt. Worauf es mir in diesem Kapitel zunächst ankommt, ist vor allem zu zeigen, dass vermeintliche *Werte an sich* aus Begriffen hervorgehen, die einen deskriptiven Kerngehalt aufweisen (hierzu gehören alle Tugendbegriffe wie Gerechtigkeit, Tapferkeit, Weisheit, Großzügigkeit, Besonnenheit etc.). Meine These ist: Die Wertfabrikation verläuft immer so, dass etwas, was an sich gar kein Wert ist (z. B. Gesundheit, ein langes und glückliches Leben) positiv bewertet wird und anschließend selbst als Wert verpackt und verkauft wird. Gesundheit ist dann nicht mehr ein Zustand oder Prozess ungestörter Selbsterhaltung, sondern wird zunächst zu einem erwünschten Zustand, dann, wenn ich von der Wertmetaphysik verblendet bin, zu einem *Wert*

4 Die Begründung des Postmoralismus

für mich (Gesundheit ist tatsächlich nur ein Zustand, in dem ich mich befinden möchte), dann zu einem Wert für uns, dann zu einem Wert an sich, dann zu einem Wert in einem platonischen Wertehimmel. Und dann *soll* Gesundheit auch noch sein. Und ehe wir uns versehen haben, sind wir plötzlich zur Erhaltung der Gesundheit verpflichtet. Ich behaupte nicht, dass der gedankliche Weg in den Wertehimmel und wieder zurück zur Welt über die Behauptung kategorischer Imperative immer beschritten wird (zum platonischen Wertehimmel möchte sich heutzutage kaum noch jemand bekennen), aber ich behaupte, dass er quasi vorgezeichnet ist. Kantianer glauben freilich auch, Pflichten und kategorische Imperative ganz ohne Rekurs auf materiale Werte begründen zu können. Aber was auch immer prätendiert und suggeriert wird: Kantianische wie nicht-kantianische Moralphilosophen erklären auch und gerade heute alles Mögliche für geboten, z. B. dass wir das Klima zu schützen hätten, weil wir dazu verpflichtet seien (und nicht aus Eigeninteresse oder anderen Motiven). Schließlich trügen wir ja auch eine Verantwortung gegenüber der Natur, unseren Mitmenschen und den noch gar nicht Geborenen. – Das ist freilich nicht einfach „Bullshit", sondern etwas Schlimmeres: nämlich gedankenloser quasi-religiöser Fanatismus[18]. Wie kommt

---

[18] Nach Harry G. Frankfurt (On Bullshit/Bullshit. Frankfurt a. M. 2006.) zeichnet sich „Bullshit" durch die „fehlende Verbindung zur Wahrheit aus" (40). Moralisten sind natürlich auch keine Lügner oder Bluffer, denn sie sind ja von der Richtigkeit ihrer moralistischen Überzeugungen – vermutlich zumeist – überzeugt. (Natürlich klingt dies redundant, aber ich denke, dass es eigentlich keinen Widerspruch darstellt, dass man Überzeugungen hat, von deren Wahrheit man nicht restlos überzeugt ist, weil diese etwa mit einem Restzweifel behaftet sind.) „Wer lügt, reagiert auf die Wahrheit und zollt ihr zumindest in diesem Umfang Respekt. Ein aufrichtiger Mensch sagt nur, was er für wahr hält, und für den Lügner ist es unabdingbar, dass er seine Aussage für falsch hält. Der Bullshitter ist außen vor. Er steht weder auf der Seite des Wahren noch auf der Seite des Falschen. Anders als der aufrichtige Mensch und als der

man eigentlich dazu, zu behaupten, es gäbe eine Art metaphysisch begründeter Verantwortlichkeit? Nein, eine Verantwortung an sich gibt es schlicht nicht, sondern Verantwortung kann ich freiwillig übernehmen oder sie kann mir gezwungenermaßen übertragen werden – von mir machtmäßig überlegenen Personengruppen oder vom Staat etwa; oder mir als Kind von meinen Eltern. Der Glaube an eine Verantwortlichkeit an sich ist daher auch ein einziger Infantilismus – so wie der ganze Moralismus.

Es ist natürlich völlig legitim, sein Herz an den Fortbestand des Menschen bzw. der Menschheit und anderer Spezies zu hängen und sich politisch hierfür einzusetzen. Nur sollte man sich und andere über seine wahren Motive nicht täuschen. Nicht weil zu täuschen moralisch falsch ist, sondern weil der ganze Schwindel irgendwann auffliegen wird oder man sein Herz an falsche Projekte hängt und dies irgendwann bereuen wird – also aus Selbstinteresse. Der Postmoralismus deckt diesen Schwindel natürlich ebenfalls nicht aus moralischen Gründen auf, sondern weil es die Aufgabe der Philosophie ist, aufzuklären (s. o.). Natürlich ist nichts daran zu kritisieren,

---

Lügner achtet er auf die Tatsachen nur insoweit, als sie für seinen Wunsch, mit seinen Behauptungen durchzukommen, von Belang sein mögen. Es ist ihm gleichgültig, ob seine Behauptungen die Realität korrekt beschreiben. Er wählt sie einfach so aus oder legt sie sich so zurecht, dass sie seiner Zielsetzung entsprechen." (63) Der echte Moralist ist also weder ein Bullshitter noch ein Lügner, Bluffer oder Faker. Er ist eher als ideologisch verblendet zu bezeichnen. Allerdings gibt es noch einmal drei Typen von Moralisten: die (quasi-manichäischen) Fanatiker, die Bigotten und die einfach Verblendeten. Der Fanatiker glaubt fest an seine moralistischen Werte und Normen und sieht sich legitimiert, für diese unerbittlich zu kämpfen. Dem Bigotten geht es vor allem um sich selbst. Er möchte auf der richtigen Seite stehen und in seiner (vermeintlichen) Güte anerkannt werden und sich zugleich über die weniger Guten erheben. Der einfach Verblendete glaubt zwar an das moralisch Richtige und Falsche, versucht aber vor allem sich selbst moralisch richtig zu verhalten, ohne mit dem erhobenen Zeigefinger durch die Welt zu laufen.

4 Die Begründung des Postmoralismus

wenn jemand sagt, dass für ihn seine Gesundheit oder die Rettung des Klimas das Wertvollste überhaupt sei (auch wenn das Klima streng genommen gar kein Adressat für Rettungsmaßnahmen ist). Aber schon wenn man davon spricht, dass Gesundheit oder die Erhaltung des Lebens ein *Wert* sei, wird es philosophisch abschüssig.[19] Denn ‚Werte' gibt es eigentlich nicht – jedenfalls nicht als denkunabhängige Entitäten. Und wer über das Sein der Werte nachdenkt, dem zerfallen sie schnell „im Munde wie modrige Pilze". Es ist lediglich manchmal einfacher von Werten zu sprechen, weil man sich sonst umständlicher ausdrücken müsste. So habe ich selbst vom existenziellen Wert der Wahrheit gesprochen,[20] mein(t)e damit aber keinen objektiven Gegenstand, sondern nur die Tatsache, dass es im Eigeninteresse jedes Menschen liegt, sich an der Wahrheit (genauer: an Wahrem) zu orientieren. Was es also gibt, sind Dinge und Sachverhalte, auch solche, die nur im Modus der Erwünschtheit existieren, die von Subjekten (positiv oder negativ) bewertet werden und

---

[19] Vgl. z. B. Nicolai Hartmann (Ethik. Berlin ⁴1962.), bei dem Werte auch schnell zu Gütern und diese wieder zu Werten werden: „Die elementarsten Werte, wo sie erfüllt sind, werden mit einer gewissen Selbstverständlichkeit hingenommen – so Leben, Gesundheit, Wohlergehen, insbesondere was notwendig zum täglichen Bedarf gehört, darüber hinaus aber auch die meisten nicht notwendigen Besitztümer, sofern man an sie ebenso wie an das Notwendige gewöhnt ist. Den Wert solcher Güter empfindet man eigentlich erst, wo sie einem fehlen. Was man auf diese Weise empfindet, ist also keineswegs ihre Werthöhe, sondern ihre Wertstärke, d. h. die Schwere des Unwertes, des Mangels, der Not, des Bedürfnisses, des Bedrohtseins. Mittelbar wird dann der Wert solcher Güter schmerzlich gesteigert empfunden. Seine Blaßheit ist durch die Not in satte Farben getaucht. Aber diese Farben sind nicht eigentlich die seinigen. Und man braucht sich nur darauf zu besinnen, ob sich das Leben um solcher Güter willen verlohnte, so fällt die geliehene Farbe von ihm ab. Ähnlich ist es im Bereich der sittlichen Werte mit denjenigen, die dort die stärksten sind (wie Gerechtigkeit oder Beherrschung)." (618)

[20] Thorsten Streubel: Wahrheit als existenzieller Wert. Versuch über das Verhältnis von Wahrheit, Philosophie und Leben. In: Deutsche Zeitschrift für Philosophie, 65 (3) 2017. 555–571.

dadurch eine neue, aber subjektrelative Werteigenschaft erhalten. Es gibt gesunde Menschen, es gibt den Begriff der Gesundheit (wahrscheinlich sogar viele), vielleicht gibt es auch das Eidos ‚Gesundheit'. Aber was es sicher nicht gibt (außer als irreales Noema), ist der Wert der Gesundheit. Die Seinsweise angeblich ‚objektiver Werte an sich' ähnelt derjenigen von runden Quadraten oder von absolut unsichtbaren Farben.

Kommen wir noch einmal etwas ausführlicher auf die Quellen der Werteigenschaften zurück: Man muss zunächst strikt zwischen den schon intrinsisch evaluativen Empfindungen (die zugleich phänomenale Eigenschaften der Wahrnehmungsgegenstände sind[21]) und den reaktiven emotionalen Wertgebungen und –nehmungen unterscheiden, die zumeist ein Produkt aus unseren Überzeugungen, unserem Charakter, unserer momentanen Gestimmtheit und dem sie hervorrufenden ‚Gegenstand' sind, der selbst bereits begrifflich apperzipiert wird. Ob ein Gefühl durch einen Wahrnehmungsgegenstand, einen Gedanken, einen spontanen Einfall, eine anschauliche Erinnerung oder einen Denkprozess oder auch durch ein anderes Gefühl oder eine Empfindung (z. B. Schmerzen) hervorgerufen wird, ändert nichts daran, dass das jeweilige

---

[21] Die phänomenalen Eigenschaften sind die Grundlage der Prädikation, wobei z. B. etwas in der Dämmerung als braun erscheint und trotzdem vom wahrnehmenden Subjekt unmittelbar als rot apperzipiert wird (ob zu Recht, muss sich im weiteren Wahrnehmungsverlauf erweisen). Die phänomenalen Eigenschaften sind Gegenstandseigenschaften und doch zugleich subjektiv (so wie eben alle Wahrnehmungsgegenstände überhaupt, deren Eigenschaften sie sind). Und die Subjektivität der phänomenalen Eigenschaften zeigt sich eben auch daran, dass sie nicht-neutral sind. Ein Geruch kann als Qualität eben zusätzlich noch wohlriechend oder widerlich sein, ohne dass man im Phänomen den evaluativen vom nicht-evaluativen Anteil wirklich klar und deutlich unterscheiden könnte. Und etwas riecht nicht erst dadurch schlecht, dass es einen Widerwillen hervorruft, sondern der Widerwille entsteht, weil etwas schlecht riecht.

4 Die Begründung des Postmoralismus

Motiv in der Regel abhängig von unserem begrifflichen Vorwissen auf bestimmte Weise sinnhaft aufgefasst wird (mit Ausnahme meines Denkens bzw. meiner Gedanken – die werden normalerweise nicht nochmal sinnhaft aufgefasst). Streng genommen bestimmt die Art und Weise, wie ich etwas auffasse, die Wirkweise des Motivs, ja der Auffassungssinn ist in der Regel konstitutiv für das eigentliche Motiv selbst. Da der Auffassungssinn (Apperzeption) also wesentlich und unwillkürlich von unserem Vorwissen bestimmt wird, bestimmt diese geistige Kondition auch unser Gefühlsleben wesentlich mit – und damit auch die Wertgebungen. Im Fühlen entdecken wir keine objektiven Werte oder Werteigenschaften der „Sachen selbst", sondern wir „besetzen" diese abhängig von unserem Naturell und unserer (sedimentierten und daher wirksamen) Vorgeschichte positiv oder negativ. Das heißt zwar nicht, dass es gar kein ‚richtig' und ‚falsch' hinsichtlich des Wertens gibt. Aber ‚richtig' und ‚falsch' ist eine Wertung nicht in Bezug auf absolute Werte oder Werteigenschaften, sondern nur hinsichtlich der realen Beschaffenheiten der Weltbestandteile bezogen auf ein Subjekt und seine Zwecke. So kann ich unter allen möglichen Phobien oder auch harmlosen Ängsten leiden, aber nicht jede Phobie oder Angst (oder philosophisch korrekter: Furcht) ist angemessen. Die Angemessenheit bemisst sich gewissermaßen nach der tatsächlichen Gefährlichkeit von etwas für mich oder einer realistischen Risikoabschätzung. Von einem richtigen oder falschen bzw. angemessenen oder unangemessenen Fühlen kann also durchaus gesprochen werden, aber nur wenn man die Hinsicht angibt, wonach sich ‚richtig' und ‚falsch' bemessen soll. Man muss z. B. einen Zweck angeben, etwa das Interesse, keinen Schaden zu erleiden, und dann prüfen, wie rational etwa Flugangst ist. Oder man kann fragen, ob eine Person die Bewunderung, die ihr allgemein entgegengebracht wird, wirklich verdient. Natürlich ist es oft schwer, die Angemessenheit von Gefühlen zu beurteilen. A liebt B auf scheinbar unbedingte Weise, obwohl es so aussieht, dass B A vor allem ausnutzt. Ist es deshalb falsch, dass A B liebt? Was ist, wenn wir für A und B eine Mutter und ihre 18jährige Tochter einsetzen?

Ich denke, Gefühle sind zwar (anders als das unpassende Gewitter am Abend) sinnvoll zu kritisieren, aber sie können dann überhaupt nur beeinflusst werden, wenn man die Sicht der wertenden Person auf die Dinge, Ereignisse, Subjekte etc. zu ändern vermag. Dies kann freilich auch auf missbräuchliche oder manipulative Weise geschehen. Aber um begründete Kritik an Gefühlen von Menschen zu üben, muss ich nicht auf objektive Werte rekurrieren, die ein Gefühl falsch oder inadäquat erschließt, sondern es genügt, die Ursache und den Gegenstand eines Gefühls und die Interessen der jeweiligen Person richtig einzuschätzen, um etwas über die Angemessenheit oder Unangemessenheit von einem ganz konkreten Gefühl auszusagen. Weder sind Gefühle immer angemessen noch sind sie unabhängig von der Lebensgeschichte und dem Überzeugungssystem einer Person. Sicher: Ohne Gefühle könnten wir uns gar nicht zurechtfinden in der Welt. Ein Wesen ohne Gefühle wäre völlig orientierungs- und antriebslos, denn Gefühle sind – wie dies bereits Schopenhauer erkannt hat – Willensregungen, die selbst noch keine Handlungen sind, aber sich schon als körperlicher Ausdruck manifestieren. Wer überhaupt keine Gefühle mehr hätte, wäre wohl ein lebender Toter, dessen Wille fast erstorben ist. Aber Gefühle führen uns eben oft auch in die Irre. Gefühle lenken unser Erkennen und Handeln, indem sie uns die (richtige oder falsche) Bedeutsamkeit der Dinge wahrnehmen lassen. – Nur dass sie keine objektiven Werteigenschaften entdecken, sondern diese in die Dinge gleichsam hineinprojizieren.

4 Die Begründung des Postmoralismus

Sie sind eben immer auch ein Ausdruck unserer momentanen (kognitiven und stimmungsmäßigen) Verfasstheit.

Man muss sich daher gerade als Phänomenologe der Emotionen davor hüten, einen eindeutigen Fundierungszusammenhang zu konstruieren, wonach es zuunterst ein authentisches Fühlen gäbe, das zudem durch das Konzept der Wertnehmung adäquat beschrieben würde. Hierauf baut sich dann (nach dieser Sichtweise) der Urteilsvollzug auf, indem ich dasjenige, was mir das fühlende Wertnehmen intuitiv offenbart, nur noch in Form eines Werturteils ausdrücke. Hieran ist nicht die behauptete Fundierungslogik an sich falsch, wenngleich sie nicht in allen Fällen gilt. Aber die Art und Weise, wie wir emotional auf Dinge, Handlungen, Ereignisse, Subjekte reagieren, ist eben bereits durch unsere Vorurteile geprägt. Wir übernehmen unbefragt die Wertvorstellungen und Wertungen anderer (z. B. unserer Eltern, unserer Lehrer, von Politikern, Journalisten etc.) und dies bewirkt, dass uns dann die entsprechenden ‚Wertträger' eben als ‚wertig' erscheinen, also nicht als wertneutral, sondern als z. B. negativ wertig. Und dies ist jedenfalls eines nicht: eine authentische, wahre Wertnehmung. Und nur weil wir die ‚Dinge' bereits positiv oder negativ wertig unmittelbar *apperzipieren,* reagieren wir auch gefühlsmäßig entsprechend dieser bereits wertenden Apperzeption. Hier geht die wertende Apperzeption der bewertenden Emotion fundierend voraus und bestimmt diese in ihrer konkreten Gestalt und ihrem Gehalt. Für das Subjekt selbst steht der Gegenstand jetzt unmittelbar als z. B. hassenswert vor Augen. Vielleicht ist das Objekt tatsächlich hassenswert (weil es sich um einen Menschen handelt, der dem Subjekt Schlimmes angetan hat), vielleicht erscheint es auch nur so, weil das wertende Subjekt von seinen eigenen (falschen) Vorurteilen fremdbestimmt wird. So oder so, es ist das wertende Subjekt, welches das Objekt bewertet hat, also in der Apperzeption und der anschließenden emotionalen Reaktion diesem einen Wert gegeben hat (ohne dies in der Situation kontrollieren zu können).

Wir haben also eigentlich dreierlei zu unterscheiden:

a) die (unmittelbar-vorprädikative) wertende Apperzeption aufgrund unserer Vorurteile.
b) das wertgebende (reaktive) Gefühl (das durch die Wertapperzeption mit hervorgerufen wird).
c) das explizite (gedachte oder ausgesprochene) Werturteil.

Und wenn wir obige Unterscheidung zwischen Empfindungen und Gefühlen noch berücksichtigen, dann können sich Werturteile auch auf bereits evaluative Empfindungen beziehen.

Von den Bewertungen durch das reaktive Fühlen (Furcht vor etwas, Freude an etwas etc.) sind also die basaleren Bewertungen durch unsere Sinne zu unterscheiden. „Schönheit liegt im Auge des Betrachters", heißt es. Doch das ist wörtlich genommen unpräzise ausgedrückt. Schönheit liegt im Schönen (= im wahrgenommenen Gegenstand) – oder besser: wenn ich ein Bild, eine Landschaft, einen Menschen betrachte, dann treten mir diese Phänomene in ihrer anschaulichen Fülle als unmittelbar schön entgegen. Die „Sachen selbst" (die freilich zugleich nur ‚Sachen für mich' sind) erscheinen mir gegenständlich als schön oder hässlich. Aber eben nur mir. Ein anderer empfindet die mir ach so schön erscheinende Landschaft vielleicht eher als trist oder langweilig. Daher ist es auch nicht falsch, zu sagen, dass Schönheit im Auge des Betrachters liegt, aber eben nur insofern, als die Schönheit des Gegenstandes zugleich eine Schönheit für mich ist. Im wörtlichen Sinne liegt sie im Gegenstand, nicht im Auge.

Eine absolute subjektunabhängige Schönheit ist dagegen ein Ding der Unmöglichkeit. Schönheit ist zunächst einmal eine sinnliche Qualität, aber nicht von gleicher Art wie die sogenannten primären oder sekundären Qualitäten. Ich kann die Schönheit nicht in gleicher Weise wahrnehmen wie ich etwa die Haarfarbe oder die Physiognomie einer Person wahrnehmen kann. Trotzdem kann ich z. B. ein Gesicht als unmittelbar schön wahrnehmen. Die Qualität der Schönheit kommt nicht durch reaktive Gefühle oder gar durch Apperzeption oder entsprechende Urteile zustande. Sie liegt unmittelbar im Wahrnehmungsgegenstand selbst. Auf Schönheit reagieren wir freilich oft emotional positiv, etwa mit Freude, Begeisterung oder – bei schönen Menschen – vielleicht auch mit erotischen Gefühlen (oder auch mit Neid). Ähnlich verhält es sich mit Tönen (etwa *schöner* Musik, angenehmen Stimmen, grässlichem Quietschen etc.), Gerüchen oder Geschmäcken. So schmeckt mir etwa dieser Wein ganz vorzüglich. Und zwar vor jeder emotionalen oder urteilsmäßigen Bewertung. Ich reagiere vielleicht auf vorzüglich schmeckenden Wein mit Freude oder Entzücken und fälle sogar das explizite Werturteil, *dass* dies ein ganz außerordentlich guter Wein ist. Aber die Fundierungsordnung ist in diesem Fall eindeutig: qualitative Empfindung – reaktives Gefühl – Werturteil.[22] Der Wein schmeckt nicht deshalb gut, weil ich urteile, dass er gut schmeckt, sondern ich urteile so, weil mir der Wein unmittelbar gut schmeckt. Bei Krankheit würde mir der Wein vielleicht nicht gut schmecken und dann würde auch mein Urteil anders ausfallen. Oder ich habe

---

[22] Ich kann natürlich schon vor der Verkostung voreingenommen sein, etwa weil ich gelesen oder gehört habe, dass der Wein von anerkannten Weinkennern negativ beurteilt wurde.

vorher etwas sehr Süßes gegessen und nun schmeckt mir der Wein zu herb oder zu sauer. Auch in Bezug auf den Geschmack gilt daher etwas Analoges wie beim Sehen: Die Güte des Geschmacks liegt gleichsam auf der Zunge des Genießers, aber eigentlich im Geschmeckten. Eine Schönheit, Hässlichkeit, Vorzüglichkeit etc. an sich ist hiermit, wie gesagt, nicht behauptet. Etwas ist nur schön, angenehm, köstlich für mich (das Ich). Aber der Orte der Schönheit und all der anderen evaluativen Qualitäten der Empfindungen ist hiermit bestimmt: er liegt ursprünglich nicht im Werturteil oder im Gefühl, sondern im Wahrnehmungsgegenstand (aistheton).

Doch könnte die evaluative Qualität der Empfindungen nicht doch durch Vorurteile oder auch durch eine Veränderung meines Überzeugungssystems determiniert sein? Schmeckt mir der Spinat nicht gleich viel besser, wenn ich um seine Gesundheit weiß? – Sicherlich. Wobei ich allerdings vermute, dass hierbei eher das reaktive Gefühl und weniger der unmittelbare Geschmack verändert wird. Man kann natürlich seinen Geschmack kultivieren, aber auch diesbezüglich müsste man genauer angeben, was da eigentlich genau passiert. Auch durch Gewöhnung lässt sich der Geschmack verändern. Hierauf bezogene Analysen wären sicherlich ungemein interessant, tragen aber wenig zu unserem eigentlichen Thema bei. Für die Begründung des Postmoralismus ist ja nur der Nachweis relevant, dass alle vermeintlichen objektiven Werte auf subjektive Wertungen zurückgehen. Dies können bewertende Vorurteile sein oder die reaktiven Gefühle (die aber selbst z. T. bereits beträchtlich durch unsere Vorurteile kontaminiert sind und dann wiederum entsprechende Werturteile motivieren) oder die evaluativen Qualitäten der ‚Sinnesqualitäten' (bzw. der Wahrnehmungsgegenstände). Wobei bei Letzteren unklar ist, woher sie genau stammen, ob sie etwa genauso

4 Die Begründung des Postmoralismus

urimpressional zur Erscheinung gebracht werden wie der phänomenale Gehalt oder ob sie vom Ich gleichsam sekundär hineingeschaut werden. Im Falle der Schönheit könnte Letzteres der Fall sein, im Falle des Wohlgeschmacks oder -geruchs scheint eine solche Annahme dagegen unplausibel zu sein. Schmecken ist nicht ein Hineinschauen: Etwas schmeckt intrinsisch so oder so (süß oder salzig beispielsweise) und zusätzlich schmeckt es mir auch noch gut oder schlecht. Hier gäbe es noch so einiges analytisch aufzuhellen.

Es gilt also die unmittelbaren Empfindungswerte (wie ‚schön', ‚wohlschmeckend', ‚ekelhaft', ‚unangenehm' etc.) analytisch von den reaktiven Gefühlswerten (‚gut' und ‚schlecht', hassens- und liebenswert etc.) zu unterscheiden. Sprachlich sind diese beiden Wertarten nicht säuberlich geschieden. So sagen wir sowohl vom Wein als auch von Taten, Menschen oder Ereignissen, dass sie gut seien. Aber einmal ist ‚gut' ursprünglich eine intrinsische Qualität des Wahrgenommenen (wobei hier intrinsisch nicht mit subjektunabhängig verwechselt werden darf) und einmal das gegenständliche Korrelat nicht der Wahrnehmung als solcher, sondern der reaktiven emotionalen Wertnehmung. *Beide(!)* Wertungsarten sind jedoch von der momentanen Gesamtverfassung und Gestimmtheit eines Subjekts abhängig. Ob ich gerade eine meiner Lieblingsspeisen wirklich genießen kann, hängt von vielen verschiedenen Dingen ab (von meinem Appetit, meinem allgemeinen Wohlbefinden, der momentanen Situation etc.).[23]

---

[23] Es sei noch darauf hingewiesen, dass eigentlich alles, was unser leibliches Umwelt-Sein ausmacht (= die phänomenale Einheit von leiblichem Selbst und leiblich wahrgenommener Umwelt), evaluativ getönt ist. Diese Nichtneutralität der Selbst- und Weltgegebenheit ist gewissermaßen wesentlich für das, was man vieldeutig ‚Subjektivität' nennt. Man könnte folgende intrinsisch-evaluative, aber subjektive Phänomenarten unterscheiden (ohne Anspruch auf Vollständigkeit):

Worauf es für den postmoralischen Standpunkt nur ankommt, ist, dass es in den Phänomenen keine Werte an sich gibt, sondern unterschiedliche Wertqualitäten von unterschiedlicher Art und Herkunft. Diese Wertqualitäten werden in unterschiedlichen Sprachen unterschiedlich differenziert erfasst. Die Erfahrung von etwas Schönem kann sprachlich artikuliert werden – etwa ganz basal: ‚X ist schön' oder ‚Ich finde, dass X schön ist etc. Von hieraus ist dann der Weg zum objektiven Wert der Schönheit allerdings wieder vorgezeichnet: Aus ‚schön' wird dann die Schönheit (eine schon grammatische, nicht erst platonische Operation) und aus der Schönheit wird vielleicht tatsächlich die platonische Idee der Schönheit und aus der Idee der Schönheit irgendwann der Wert der Schönheit. Schönheit ist zwar tatsächlich eine Werteigenschaft, aber als das ist sie kein objektiver Wert, sondern die bereits beschriebene Art und Weise wie etwas für uns ist. Es mag einen objektiven Begriff der Schönheit geben (Eidos ‚Schönheit'), aber zu diesem gehört dann wesentlich die korrelative Seinsweise der Schönheit des Schönen. Ähnlich verhält es sich mit der

---

i) Emotionen (objektbezogene Gefühle, Gestimmtheiten/Befindlichkeiten des leiblichen Subjekts, Atmosphären/Stimmungen in der Umwelt des leiblichen Subjekts): Sie sind wertgebend und zugleich selbst intrinsisch nicht-neutral (z. B. Trauer).

ii) Empfindungen/evaluative Gegenstandsqualitäten, die in den Gegenstandseigenschaften erscheinen: schön, wohlriechend, gutschmeckend, angenehm weich auf der Haut etc.

iii) Leibliches Gesamtempfinden: Müdigkeit, Abgeschlagenheit, Schwächegefühl, Krankheitsgefühl, Schlaffheit, Elan, Vitalitätsempfinden, Gespanntheit etc.

iv) Lokale leibliche Regungen und Empfindnisse (Kitzel, Jucken, Schmerz, Halskratzen, z. T. Lustempfindungen, Übelkeit), aber auch Begehrungen (Hunger, Durst, sexuelles Verlangen, Lust auf X/Erwartungslust) sowie Lust an X, Erfüllungslust.

v) Leibliche Widerfahrnisse: Schreck, Schock, Orgasmus, Erbrechen etc.

4 Die Begründung des Postmoralismus

Gerechtigkeit, auch wenn gerecht keine intrinsische Empfindungsqualität darstellt. Der Begriff der Gerechtigkeit hat vermutlich seinen Ursprung in Erfahrungen des Ungleich-behandelt-Werdens und in entsprechenden negativen Gefühlen. Gerecht wäre dann derjenige Zustand, den man sich erwünscht, wenn man zumindest gleichberechtigt behandelt werden möchte. (Man kann sich natürlich auch ungerechte Zustände wünschen, wenn man dabei gut wegkommt.) Da Gerechtigkeit ursprünglich kein Wert, sondern ein Sachverhalt (bzw. der Oberbegriff entsprechender Sachverhalte) ist, gibt es auch kein ursprüngliches Gerechtigkeitsgefühl aus dem der Gerechtigkeitswert entspränge. Es gibt freilich ein Gerechtigkeitsempfinden. Dies setzt aber eine zumindest rudimentäre Idee von Gerechtigkeit (und vielleicht auch die Erfahrung von ‚Ungerechtigkeit') voraus. Das Gerechtigkeitsempfinden ist eigentlich eine negative emotionale Reaktion auf tatsächliche oder mögliche ungerechte Verhältnisse, das zur Wahrung, Gewährleistung oder Herstellung gerechter Verhältnisse motiviert. Vom Gerechtigkeitsempfinden ist das ursprünglichere diffuse negative Gefühl zu unterscheiden, benachteiligt und damit ungleich behandelt zu werden (und das vermutlich schon bei Menschenaffen und anderen intelligenten Animanten[24] vorhanden ist). Schon bei Kindern äußert sich dies z. B. in Eifersuchtstaten, in Renitenz und Aggressionen. (Böses gebiert Böses!) Man muss keinen Begriff von Gerechtigkeit haben, um unter Ungerechtigkeit zu leiden und entsprechend zu reagieren.

---

[24] Unter einem ‚Animant' verstehe ich ein Lebewesen, das zwar über Bewusstsein als Erleben, aber nicht über Geist und geistige Gehalte verfügt. Vgl. hierzu Thorsten Streubel: Fundamentalanthropologie. Eine Philosophie für das 21. Jahrhundert. Berlin 2021. 15 f., 115 ff. sowie zum Begriff des Geistes: Kap. 6.

Was folgt nun aus diesen Überlegungen? Das „Angenehme", das Schopenhauer[25] als Art des Guten kategorisierte, liegt in den Wahrnehmungsgegenständen, zumeist meint es aber deren scheinbare Wirkung auf unseren Leib. Die Sonnenstrahlen, die mich nach einem langen Winter wärmen, haben einen angenehmen leiblichen Zustand zur Folge – und dieser ist es eigentlich, der als angenehm empfunden wird. Oder man denke an die wohltuende Wirkung eines heißen Bades in der kalten Jahreszeit. Das Gleiche gilt für das Unangenehme. Auch sogenannte negative Gefühle (wie Eifersucht, Neid, Wut, Traurigkeit) oder Stimmungen können intrinsisch unangenehm sein. Gefühle haben also nicht nur wertgebende Funktion, sondern sie sind selbst zudem auch keine neutralen Vorkommnisse oder gar Zustände unseres leiblichen In-der-Welt-Seins und Zur-Welt-Seins. Dies teilen sie mit den Empfindungen. Diese Nichtneutralität ist wahrscheinlich eine ganz basale Art, ein leibliches Subjekt zu sein, sie definiert wesentlich mit, was es heißt, ein Subjekt zu sein. Wir haben über unsere Empfindungen, Gefühle und Stimmungen zunächst keine Kontrolle, sondern werden von diesen gewissermaßen betroffen und reaffiziert. Und sie bestimmen unsere faktischen Werturteile. Von diesem faktischen empfindungs- und gefühlsbasiertem Evaluationsgeschehen und seiner angemessenen Beschreibung ist die Frage nach dem wirklich Guten und Schlechten für uns zu unterscheiden. Und die richtige Beantwortung dieser Frage hängt nicht von unserer

---

[25] Schopenhauer wollte den Begriff sicher weiter verstanden und nicht auf rein leibliches Empfinden eingeschränkt wissen. Es wäre aber zu überlegen, ob man nicht einfach zwischen dem Angenehmen (leiblich) und dem Genehmen (welches mehr auf Interessen bezogen ist) unterscheiden sollte. Im Unterschied zum Nützlichen wird beim Begriff des Genehmen aber die positive emotionale Reaktion konnotiert.

Einschätzung allein ab (da wir uns diesbezüglich täuschen können), sondern von der Frage, was wir wirklich wollen und ob etwa negative Empfindungen oder Gefühle und deren gegenständlichen Korrelate (die Werteigenschaften) wirklich schlecht für uns sind oder nicht.

In den bisherigen Überlegungen wurden unsere Strebensziele als dasjenige identifiziert, wonach sich die Beurteilung der Angemessenheit unserer Wertungen zu richten habe. ‚Gut' und ‚schlecht' ist etwas nur relativ oder bezogen auf unsere Ziele und Zwecksetzungen. Aber bei den Strebenszielen könnte man wieder fragen, ob sie unserem Willen wirklich gemäß sind oder nicht. Man denke etwa an die Sterbehilfedebatte und das Argument, dass der Wunsch zu Sterben kein stabiler und endgültiger Wunsch sein muss. Aber der herbeigeführte Tod macht es dann prinzipiell unmöglich, diesen Wunsch zu überdenken und zu revidieren. Aber ist es nicht mit allen unseren Lebenszielen und unseren Zwecksetzungen so, dass sie niemals endgültig sind? Selbst das vermeintlich oberste Ziel, das Gute, „wonach alles strebt"' – die Eudämonie –, muss kein endgültiges Ziel sein.[26] Worauf ich verweisen möchte, ist nicht das Phänomen der Wankelmütigkeit (das ich nicht leugne), sondern die funktionale Abhängigkeit unserer Strebensziele von unserem Selbst- und Weltbild. Wir stehen hier vor dem Problem mit dem auch die postmoralische Pädagogik konfrontiert ist: Es liegt zwar in unserem Selbstinteresse, herauszufinden, was wir wirklich wollen. Doch was wir faktisch wollen, hängt von unserem faktischen Überzeugungssystem ab. Dieses ist endlich, dem Wandel unterworfen und von etlichen Irrtümern durchsetzt. Wir sind auch epistemisch irrende und endliche Wesen. Dies lässt

---

[26] Aristoteles: Nikomachische Ethik 1094 a.

sich nicht ändern. Trotzdem denke ich, dass man sich und die Welt mehr oder weniger gut erfassen kann. Ich behaupte damit allerdings nicht, dass es ganz bestimmte konkrete Zwecke für ein Subjekt schon a priori gibt, die wir nur noch entdecken müssten. Zumindest weiß ich hiervon und von einer entsprechenden Vorsehung nichts. Aber ich glaube durchaus, dass verschiedene Strebensziele (wozu ich auch Lebensentwürfe, Berufswünsche, erstrebenswerte Ideale etc. zähle) zu verschiedenen Menschen unterschiedlich gut passen. Was für mich das Richtige ist, hängt zwar nicht nur von meinem angeborenen Charakter, meinem Naturell und meinen Begabungen ab, sondern auch von meiner einzigartigen Position in der Welt in dieser bestimmten Zeitspanne, die meine Lebenszeit ist. Die verschiedenen Möglichkeiten, sein Leben zu führen, sind begrenzt – zu unterschiedlichen Zeiten und an unterschiedlichen Orten unterschiedlich. Mir standen einige Wege offen, andere nicht, einige erschienen mir attraktiver als andere, viele kamen für mich gar nicht infrage. Habe ich den einen richtigen gewählt? Gab es nur einen richtigen Weg oder gab es mehrere? Das sind schwierige, aber existenziell bedeutsame Fragen. Gut ist, was den Bestrebungen meines Willens gemäß ist. Welche umfassenden Lebensziele sind aber meinem Willen gemäß, mithin gut? Was erstrebe ich im Letzten? Oder was würde ich erstreben, wenn ich allwissend wäre?

Man sollte das eigentliche Wollen unter der Bedingung der Allwissenheit als regulative Idee verstehen, die uns hilft, unsere faktischen Zielsetzungen kritisch zu hinterfragen, damit wir kein völlig falsches (retrospektiv uns unangemessenes) Leben führen. Die postmoralische Pädagogik der Selbstbefragung (und der Reinigung von allen heteronomen Fremdwertungen) soll den Menschen helfen, herauszufinden, was sie wirklich wollen und vor

4 Die Begründung des Postmoralismus

allem nicht wollen: privat und politisch. Selbsterkenntnis liegt im Eigeninteresse des Menschen als Menschen, d. h. im Selbstinteresse eines solchen Wesens, das sein Leben führen muss *und* das zudem auch ein politisches Subjekt sein kann oder muss. Will oder muss ich mit anderen zusammenleben, dann liegt die postmoralische Gesellschaft geistig befreiter Subjekte in meinem Interesse und ich sollte deren Verwirklichung zumindest affirmieren. Und damit zeigt sich noch einmal, dass das Eigeninteresse, das damit verbundene Interesse an Selbsterkenntnis und die politisch-pädagogischen Ratschläge des Postmoralismus konvergieren. Wir sind keine allwissenden Wesen und daran kann auch der Postmoralismus (oder ‚die‘ Wissenschaft) nichts ändern. Trotzdem kann die Selbsterkenntnis adäquater oder inadäquater vonstattengehen. Apodiktische Gewissheit ist, was die Erkenntnis uns angemessener Willensziele betrifft, ein genauso unerreichbares Ziel wie Allwissenheit. Das heißt aber nicht, dass das Projekt ‚Selbst- und Welterkenntnis‘ sinnlos, da vergeblich ist. Auch ohne apodiktische Gewissheit lohnt es sich, über das, was man wirklich will, nachzudenken. – Denn man ist der Hauptprofiteur der Selbstreflexion.

Fassen wir noch einmal die wichtigsten Punkte zusammen: Es gibt also keine Normen an sich und keine Werte an sich, sondern es gibt Willenssubjekte, die durch Normsätze ihren Willen bekunden und manchmal auch die Macht haben, anderen ihren Willen aufzuoktroyieren. Das eigene Wollen (bzw. das jeweils Gewollte) als absolute Norm auszugeben ist immer Betrug. Und es sind leibliche Subjekte, die ihr leibliches Selbst und die leibrelative Umwelt nicht als neutral Gehalte erleben, sondern wertig und bedeutsam. Werte (bzw. Werteigenschaften) und Normen haben ihren Ursprung in Subjekten und fallen nicht vom Himmel. Weder die Emotionen noch das Wollen oder das Gewissen sind de facto authentische Äußerungen von rein-rationalen, sondern vielmehr von historisch und kulturell bestimmten Subjekten, aber dies ändert nichts daran, dass ohne diese, auf eine bestimmte Weise verfassten Subjekte, keine Werte und Normen in die Welt kämen.[27] Bei den staatlichen Gesetzen ist das seit langem offensichtlich: Sie sind menschgemacht und nicht Ausdruck überpositiven Rechts. Aber selbst göttliche Gesetze wären Ausdruck des göttlichen Willens und damit subjektrelativ.[28] Der Moralismus suggeriert dagegen, es gäbe absolute Forderungen, denen unbedingt Folge zu leisten sei. Und darin besteht seine fatale Unwahrheit. Ich sage ‚fatal', denn auch der Moralismus droht mit Sanktionen: Wer dem Sollen nicht nachkommt, handelt verwerflich und ist als Handlungssubjekt selbst verwerf-

---

[27] Zur anthropoialen Verfassung des Menschen (Anthropos): Thorsten Streubel: Fundamentalanthropologie. Eine Philosophie für das 21. Jahrhundert. Berlin 2021.

[28] Konsequent waren in diesem Punkt nur die mittelalterlichen Voluntaristen, auch wenn das nicht jedem schmeckt. So schreibt etwa Theo Kobusch (Analogie im Reich der Freiheit? Ein Skandal der spätscholastischen Philosophie und die kritische Antwort der Neuzeit. In: ‚Herbst des Mittelalters'? Fragen zur Bewertung des 14. und 15. Jahrhunderts. Berlin, New York 2004.): „Nach der Tradition unterstehen so Gott und Mensch als Wesen der Freiheit denselben moralischen Gesetzen. Der Nominalismus verlässt in dieser Hinsicht eine breite Straße der philosophischen Überzeugung und begibt sich auf Abwege. Nach Robert Holcot, dem Oxforder Dominikaner kann Gott den Menschen täuschen, er kann lügen und sein Versprechen brechen, und wenn er es täte, würde er doch um nichts weniger gut sein als vor Erschaffung der Welt." (256) „Wenn schließlich nach Heinrich von Langenstein Gott sogar ‚das Böse vorschreiben kann', dann muss solches Ansinnen mit philosophischer Empörung zurückgewiesen werden." (257) „Diese nominalistischen Thesen über das Verhältnis von Gott und Sittengesetz sind skandalös. Sie sind ein Skandal [… und …] für die Philosophie selbst ruinös." (260 f.) Dem muss ich natürlich vehement widersprechen: Skandalös ist höchstens diese moralistische Empörung sowie der Moralismus in und außerhalb der akademischen Philosophie.

4 Die Begründung des Postmoralismus

lich, also zu verwerfen, auszugrenzen, zu bestrafen, zu canceln oder gleich physisch zu liquidieren. Hier zeigt der Moralismus seine hässliche Fratze. Moral bewirkt nicht nur Gutes, sondern vor allem auch sehr viel Böses! Womit ich bei meinem letzten Punkt bin:

5

Der Postmoralismus und die Frage nach dem Bösen

a) Grundlegende Begriffsbestimmungen

Durch den postmoralischen Standpunkt wird zwar die Unterscheidung zwischen absolut (moralisch) ‚richtig' und ‚falsch' obsolet, aber nicht die von ‚gut' und ‚böse' bzw. von ‚böse' und ‚nicht-böse'. Dies ist dadurch möglich, dass ‚gut' und ‚böse' *dichte* Begriffe („thick concepts"[1]) sind und neben dem evaluativen auch einen rein deskriptiven Gehalt aufweisen und tatsächlich als deskriptive Begriffe weiter sinnvoll verwendet werden können. (Ich behaupte nicht, dass eine solche Abscheidung bei allen dichten Begriffen möglich ist, aber im Falle von ‚gut' und ‚böse' ist diese möglich und sinnvoll.)

Der postmoralische Begriff des Bösen ergibt sich also in einem ersten Schritt durch eine Ausscheidung der

---

[1] S. Bernhard Williams: Ethik und die Grenzen der Philosophie. Hamburg 1999. 197.

evaluativen Komponente der Negativität („schlecht') aus dem bisherigen Begriff unter Wahrung oder auch Revision der deskriptiven Komponente. Die evaluative Komponente kommt beim postmoralischen Begriff des Bösen *synthetisch* durch subjektive Bewertung hinzu und ist nicht mehr, wie bisher, quasi-analytisch in diesem Begriff bereits enthalten. Dies bedeutet konkret: Ob wir das Böse bzw. Böses (Charaktere, Gesinnungen, Absichten, Entscheidungen, Befehle, Anordnungen, Handlungen etc.) gut oder schlecht befinden, hängt ab von unserer Haltung und Bewertung der entsprechenden Phänomene. So haben etwa die Anschläge des 11. September 2001 bei den einen Entsetzen und Trauer, bei den anderen Genugtuung und Jubel hervorgerufen. Qualifiziert man diese Anschläge als eindeutig böse Taten, dann muss man konsequenterweise zugestehen, dass man etwas Bösem einen positiven Wert zuerteilen bzw. es goutieren kann. Und zwar ohne sich in einen logischen oder performativen Widerspruch zu verwickeln.

Stellen wir diese Zusammenhänge übersichtlich dar:

Moralismus: Böses ist schlecht/falsch = analytisches Urteil.

Postmoralismus: Böses ist schlecht/falsch/gut/richtig = synthetisches Urteil.

Aus postmoralischer Perspektive ist es nicht widersprüchlich zu sagen, das Böse sei gut (wünschenswert oder zu bejahen), und es ist nicht tautologisch zu sagen, das Böse sei schlecht (zu verurteilen, zu bekämpfen etc.). Der Postmoralismus würde nur hinzufügen: Da nichts an sich einen Wert hat, hat auch das Böse keinen positiven oder negativen Wert an sich. Böses zu tun ist daher immer nur für jemanden gut oder schlecht, insofern er entsprechend wertet. Darin, so könnte man sagen, besteht gewissermaßen die Pointe einer postmoralischen Theorie des Bösen: Sie entfernt die negative Bewertungskomponente aus dem

Begriff des Bösen und stellt es jedem Menschen frei, wie er sich zum Bösen bzw. zu konkretem Bösen positionieren will. Böses kann man selbst dann begrüßen oder auch selbst verüben, wenn man davon keinerlei Vorteile oder sogar Nachteile hat. In extremen Fällen nehmen Menschen sogar ihren Tod in Kauf, nur um Rache zu üben. Man denke auch an den Gerechtigkeitsfuror eines Michael Kohlhaas, der nach dem Motto verfährt: Fiat iustitia, et pereat mundus. Und La Mettrie verweist darauf, dass es durchaus Menschen gibt, die, „obwohl sie Böses tun, glücklich sein können". „Da gute Taten sie unglücklich machen, *müssen* sie Böses tun, um glücklich zu sein."[2] Und: „Bedenkt, dass Boshaftigkeit ein Zug der meisten Menschen ist!"[3]

Allerdings ist sowohl der alltagssprachliche als auch der philosophische Begriff des Bösen vieldeutig. Aus postmoralischer Sicht kann vom Bösen nur dann weiter sinnvoll gesprochen werden, wenn die Unterscheidung zwischen ‚böse' und ‚nicht-böse' auf einen sachlichen Unterschied in den Phänomenen rekurrieren kann. Da der Postmoralismus den Begriff des Bösen aus keinem Moralprinzip ableiten kann (dies wäre die moralistische Operation wie man sie vorbildlich durchgeführt in der *Kritik der praktischen Vernunft* Kants findet[4]), muss er im Grunde den Weg zu den Phänomenen über eine Analyse des Sprachgebrauchs und unseres Vorverständnisses nehmen, soll der Zugriff auf die Phänomene nicht begrifflich blind erfolgen. (Die Produktion von Scheinproblemen muss unbedingt vermieden werden.) Allerdings

---

[2] Julien Offray de la Mettrie: Über das Glück, oder: Das höchste Gut („Anti-Seneca"). Hrsg. v. Bernd A. Laska. Nürnberg 1985. 67.
[3] Julien Offray de la Mettrie: Über das Glück, oder: Das höchste Gut („Anti-Seneca"). Hrsg. v. Bernd A. Laska. Nürnberg 1985. 69.
[4] Zweites Hauptstück: Von dem Begriffe eines Gegenstandes der reinen praktischen Vernunft. (AA V, 57 ff.)

ist auch unser Sprachgebrauch nicht eindeutig. Ein bösartiger Tumor ist sicherlich etwas kategorial anderes als ein bösartiger Mensch. Wobei man hier doch auch wiederum zögern mag, denn geschieht denn jemandem nicht doch etwas Böses, der unter einem bösartigen Tumor leidet? Oder leidet er ‚nur' an einem Übel? Aber wurde das Böse nicht traditionell dem Übel (malum) begrifflich untergeordnet? – Was eben auch bedeuten würde, dass das Böse eine Art Übel wäre, wenngleich eine andere Art Übel als natürliche Übel (malum physicum), nämlich ein sogenanntes ‚moralisches Übel' (malum morale). So wie Rot eine Art Farbe ist, so sei das Böse eine Art Übel. Und auch wenn man den Begriff des Übels gleichsam postmoralisch so fasst, dass es kein Übel an sich, sondern nur ein Übel für jemanden oder etwas gibt, änderte dies nichts daran, dass das Böse eine besondere Art Übel zu sein scheint. Übersetzt man das lateinische ‚malum' dagegen nicht mit ‚Übel', sondern mit ‚Böses', dann wäre auch der bösartige Tumor ein veritabler Fall von Bösem. Gegen diese begriffliche Subordinationsbeziehung spricht dann aber doch unser Sprachgebrauch. Erdbeben, Überschwemmungen oder gefährliche Viren sind als natürliche Vorkommnisse, wenn sie menschliche Opfer fordern, zwar ein Übel (malum physicum); sie sind aber nicht intrinsisch böse. Und auch der bösartige Tumor wird nicht als ‚böse' bezeichnet, sondern eben nur als bösartig. Was unterscheidet dann *der Sache nach* böse Phänomene von bloßen (nicht-bösen) Übeln? Mir scheint, es muss beim Bösen eine gewisse Absichtlichkeit oder zumindest Willentlichkeit im Spiel sein. Und wenn dies richtig ist, dann könnte das Attribut des Bösen nur intentionalen Subjekten und ihren Handlungen beigelegt werden. Ob hierunter nur geistige Subjekte fallen, die zu echten Vorsätzen fähig sind, oder auch nicht-geistige, aber bewusste Lebewesen (= Animanten) wie (vermutlich) Tiger, Orcas oder (vielleicht)

Gottesanbeterinnen, wäre noch genauer zu überlegen. Führt man natürliche Übel auf einen verursachenden Willen zurück (z. B. den Willen Gottes), dann wäre allenfalls dieser Wille böse und ebenso die hieraus folgende Tat, etwa die Verursachung einer Naturkatastrophe, während diese selbst ein Übel (malum physicum) wäre.

Es gibt im Grunde vier Möglichkeiten wie man das Verhältnis der Begriffe ‚Übel' und ‚Böse' zueinander bestimmen kann: Entweder ist ‚Böse' der Oberbegriff oder ‚Übel' oder beide Begriffe sind einer dritten Kategorie subordiniert oder sie sind viertens tatsächlich generisch verschieden (unterstehen keiner gemeinsamen materialen Gattung). Die erste Möglichkeit wird zwar gelegentlich auch heute noch vertreten,[5] sie scheint mir aber aus dem eben angeführten Grund (Kriterium der Willentlichkeit) falsch zu sein. Es geht hier natürlich nicht um einen Streit um bloße Worte. Es ist vielmehr ein Unterschied in der Sache, ob ein X, dem kein Subjektstatus zukommt (wie etwa einem Erdbeben), Subjekte schädigt, oder ob ein X ein zu Intentionen (z. B. Absichten) fähiges Subjekt ist und andere schädigen *will*. Und wenn dies

---

[5] So schreibt etwa Ingolf Dalferth: „Böses kennt viele Gestalten, nicht nur die der *bösen* Tat, also eines Handelns, dem eine böse Absicht zugrunde liegt. [...] Das Böse ist unfasslicher, umfassender, unvermeidlicher und unverständlicher, als es die traditionellen Unterscheidungen der Neuzeit nahelegen. Um dies zu markieren, gebrauche ich im Folgenden die Ausdrücke *das Böse* bzw. *Böses* nicht entlang der handlungstheoretischen Unterscheidung zwischen Ereignis und Handlung, sondern der zeichentheoretischen Differenz zwischen *type* und *token*, dem Bösen als type und den Übeln als seinen Konkretionen." (Die Kontingenz des Bösen. In: Ingolf U. Dalferth, Karl Kardinal Lehmann, Navid Kermani: Das Böse. Drei Annäherungen. Freiburg i.Br. 2011. 9–52. 9 f.) Und Susan Neiman spricht unumwunden vom natürlichen im Unterschied zum moralischen Bösen: „Die strikte Unterscheidung zwischen natürlichem und moralischem Bösen [evil], die uns heute so selbstverständlich erscheint, entstand um die Zeit des Erdbebens von Lissabon und wurde von Rousseau kräftig gefördert." (Das Böse denken. Eine andere Geschichte der Philosophie. Frankfurt a. M. 2004. 26 f.)

einen Unterschied darstellt, sollte man nicht alles, was von irgendjemandem als negativ bewertet wird oder für jemanden tatsächlich von Übel ist, als ‚böse' kategorisieren. Daher sollte man beides terminologisch auseinanderhalten. Unsere Begriffe sollten sich im Zweifel nach den Phänomenen richten und nicht die Phänomene durch inadäquate Begriffe verdeckt werden.

Die zweite Möglichkeit hätte zur Konsequenz, dass man zwischen bloßen Übeln und dem Bösen als spezifischem Übel zu unterscheiden hätte. Nichtsdestotrotz wäre das Böse ein Übel an sich. Gerade dies kann man aus postmoralischer Sicht aber nicht mehr in einem kategorischen Sinne sagen. Diejenigen, denen Übles angetan wird, würden wahrscheinlich sagen, dass dies für sie von Übel war (zumindest wenn sie denken und sprechen können). Doch scheint das Übel eher eine kausale Folge des Bösen zu sein und nicht mit diesem identisch. Dagegen spricht nicht, dass wir in einem übertragenen Sinne solche Übel, die aus bösen Absichten erfolgen, selbst als böse bezeichnen.

Wie steht es mit der dritten Möglichkeit? Könnte man als Obergriff für ‚Übel' und ‚Böse' nicht das Schädigende ansetzen? – Auf den ersten Blick sieht es so aus, als hätte man hier ein gemeinsames Merkmal gefunden. In Wahrheit hat man nur ein anderes Wort für ‚Übel' als Gattungsbezeichnung gewählt. Außerdem hat nicht jeder böse Wille die Mittel, um seine bösen Wünsche in die Tat umzusetzen; und ein böser Wille, der unfähig ist, ein intendiertes Übel zu verursachen, ist eben auch nicht schädigend. Daher stellt er auch kein Übel dar. Aber dieser unfähige oder machtlose Wille wäre nichtsdestotrotz ein böser Wille. Wählt man als Oberbegriff ‚das Negative', dann lässt man hier wieder eine Wertung einfließen. Der deskriptive Begriff des Bösen könnte aber nur deskriptiv generisch bestimmt sein bzw. einem rein deskriptiv

5 Der Postmoralismus und die Frage ...

gefassten Gattungsbegriff unterstehen. Ein Übel oder etwas Negatives überhaupt (im evaluativen Sinne) gibt es nicht. Der postmoralische Bewertungssubjektivismus lässt im Grunde solche subjekt- und wertungsirrelativen Begriffsverhältnisse gar nicht mehr zu. Für die einen ist ein bestimmtes Böses (im rein deskriptiven Sinne) etwas Gutes (im evaluativen Sinne), für die anderen etwas Schlechtes, manchmal sogar eine persönliche oder kollektive Katastrophe (wiederum im evaluativen Sinne). Wir müssen also diese starren Begriffsbeziehungen zwischen dem ‚Übel' und dem ‚Bösen' und auch dem ‚Schlechten' aufgeben.

Nichtsdestotrotz lässt sich ein deskriptiver Gehalt des Bösen bestimmen, zu dem auch der Begriff des Übels gehören muss, nämlich in dem Sinne, dass eine böse Absicht notwendig ein *Übelwollen* darstellt oder zumindest ein Übel für jemanden billigend in Kauf nimmt oder nehmen will. Diese böse Absicht kann durchaus eine Vergeltungsabsicht sein. Und es ist hier nochmals zu betonen, dass auch der Begriff der bösen Absicht oder des bösen Willens oder der bösen Tat hier rein deskriptiv verstanden werden. Ich kann eine böse Absicht (und die daraus folgende böse Tat) tatsächlich uneingeschränkt *gut*heißen, weil ich der Meinung bin, dass sie eine geschehene böse Tat vergilt und so einen Ausgleich herstellt. *Der Wille zur Gerechtigkeit kann eben durchaus ein böser Wille sein!* Und haben wir den Satz nicht schon oft gehört: ‚Das geschieht ihm/ihr recht!'? – Etwa, wenn ein Übeltäter selbst Opfer wird oder bestraft wird? Auch das Strafrecht ist im deskriptiven Sinne durch und durch böse, denn hier wird schlicht Böses mit Bösem vergolten. Strafen sollen schmerzen, jedenfalls nicht angenehm sein. Wer das staatliche Strafen für gut und sinnvoll hält (und dafür lässt sich argumentieren), der goutiert auch das Böse, insofern hinter dem Strafrecht ein kollektiver böser Wille steht, der dem Übeltäter Übles will (und sei es auch aus einer ganz aufgeklärten Gesinnung heraus nur zu Präventionszwecken). Wer ein Übel für jemanden gutheißt (und sei es, um einen gerechten Ausgleich herzustellen), heißt etwas Böses gut. Und generell scheint zu gelten, dass wer Böses beabsichtigt, sei es als Mittel oder als Zweck, dies für gut und richtig oder zumindest für notwendig befindet.

Die Begriffe ‚Übel' und ‚Böse' scheinen also tatsächlich generisch verschieden zu sein, sind aber einsinnig intentional (der böse Wille intendiert Übel) und auch über den Begriff der Kausalität miteinander verbunden (z. B. dadurch, dass eine böse Tat ein Übel für jemanden hervorbringt oder hervorbringen soll). Sicher: Nicht jedes Übel wird durch einen bösen Willen verursacht, weshalb der Begriff des Übels auch ohne den Begriff des Bösen sinnvoll gebraucht werden kann. Und nicht jeder böse Wille hat Übles tatsächlich zur Folge. Ein böser Wille aber ist dadurch böse, dass er Schlechtes (eine Schädigung eines anderen oder eines Kollektivs) intendiert und diese Intention nur über bestimmte Kausalitäten realisieren kann. Ja: ‚Böses wollen' ist im Grunde gleichbedeutend mit ‚jemanden schädigen wollen'. Und der bewirkte Schaden ist für diese Person in der Regel von Übel. Und doch handelt es sich hierbei nicht um eine Tautologie. Denn das Wort ‚Übel' bezeichnet hier das Ziel, das Wort ‚böse' aber den Willen, die Absicht, den Vorsatz und auch die daraus resultierende Tat. Natürlich können wir beides sagen: A hat B Böses angetan. Und: A hat B ein Übel zugefügt. Und doch fallen Böses (als Ergebnis eines Wollens) und Übel begrifflich nicht zusammen. Vielmehr ist es so, dass ein Übel nur dann auch als etwas Böses bezeichnet werden kann, wenn das Übel intendiert war. Das Übel ist nur übertragenerweise ein Böses, insofern es auf einen bösen Willen zurückgeführt werden kann. Die Qualifikation eines geschehenen Übels als *böse* enthält eine wichtige Zusatzinformation: das Übel war kein bloßes Pech oder ereignete sich aufgrund einer Verquickung ungünstiger Umstände, sondern es war gewollt.

Halten wir die bisherigen Ergebnisse fest:

1. Der postmoralische Begriff des Bösen lässt sich einerseits nicht mehr eindeutig dem Begriff des Übels unter-, über- oder nebenordnen. Andererseits scheint aber ‚das' Böse und ‚das' Übel sachlich in einer einsinnigen intentional-kausalen Abhängigkeitsbeziehung zueinander zu stehen. Das Böse ist zudem nicht *an sich* übel (schlecht im evaluativen Sinne), aber notwendig potenziell oder aktuell *für jemanden;* oder besser: Ein böser Wille will (oder wünscht) jemandem ein Übel. Und diese Relation gehört dann auch zum Begriff des Bösen.
2. Der postmoralische Begriff des Bösen ist rein deskriptiv und damit analytisch wertfrei. Die Bewertung eines bestimmten Bösen als gut oder schlecht hängt von den jeweils wertenden Subjekten ab (und kann konträr ausfallen).
3. Da es einen wesentlichen Unterschied darstellt, ob das Übel, das einem widerfährt, beabsichtigt war oder nicht, muss dem auch begrifflich Rechnung getragen werden. Übel, die nicht beabsichtigt wurden, sind von solchen Übeln zu unterscheiden, die beabsichtigt wurden. Nur letztere verweisen auf eine böse Ursache, nämlich auf andere Subjekte und deren Intentionen. Das Böse ist also an Subjekte gebunden. Subjekte und deren Absichten, ‚Wollungen', Vorsätze und Taten sind böse, nicht aber Naturkatastrophen und auch nicht die Übel, die aus bösen Taten resultieren, wenngleich man letztere Übel zusätzlich als böse qualifizieren kann. Eine Verletzung, die mir jemand absichtlich zugefügt hat, ist aber nicht selbst etwas in sich Böses, sondern ein Übel, dass durch eine böse Tat hervorgerufen wurde.

Natürlich kann ein Subjekt einem anderen Subjekt unbeabsichtigterweise Schaden zufügen. Wie man so einen Fall beurteilt, hängt davon ab, ob der Täter *fahrlässig* gehandelt hat oder nicht, ob er also hätte wissen können, dass sein Handeln möglicherweise schädliche Folgen für andere haben würde. Nur wenn jemand wirklich nicht voraussehen konnte, dass sein Handeln üble Folgen für andere zeitigt, ist sein diesbezügliches Wollen als nichtböse zu qualifizieren. Fahrlässigkeit resultiert dagegen aus Rücksichtslosigkeit und Rücksichtslosigkeit fällt schon als Haltung unter den Begriff des Bösen. Denn man interessiert sich nicht für die möglichen üblen Nebenfolgen des eigenen Handelns für andere. Wenn jemand dagegen einen Schaden für jemand anderen *billigend* in Kauf nimmt, wenn er also weiß, dass sein Tun eine andere Person sicher, wahrscheinlich oder auch nur möglicherweise schädigt (er diese Nebenfolge also im Blick hat, wenngleich er diese auch nicht unbedingt bezweckt), dann ist seine Handlung nicht nur eindeutig böse, sondern meist (jedoch nicht immer) auch in einem höherem Maße böse (im Vergleich zum fahrlässigen Handeln). Der Täter bezweckt hier zwar kein Übel, aber er will es doch bedingterweise, um sein Ziel (das selbst kein Übel für jemanden darstellen muss) zu erreichen. Der Unterschied zwischen Fahrlässigkeit und billigender Inkaufnahme ist demnach, dass im ersten Fall zwar ein Übel oder ein Schaden für ein anderes Subjekt durch den Handelnden möglicherweise verursacht, aber nicht gewollt und *de facto* nicht vorhergesehen wird (wenngleich letzteres dem Handelnden möglich gewesen wäre), im zweiten Fall aber durchaus vorhergesehen und mitgewollt wird. Allerdings gibt es auch eine Zwischenform, bei der *bewusst* eine Reflexion über die Folgen des eigenen Handelns unterlassen wird, weil einem letztlich relativ gleichgültig ist, ob jemand dabei zu Schaden kommt oder nicht (auch wenn man vielleicht hofft, dass ‚alles gutgeht').[6] Auch diese Haltung fällt unter den postmoralischen Begriff des Bösen, trotz dem ein daraus resultierendes Übel weder gewollt noch auch eigentlich mitgewollt wird.

Bei der billigenden Inkaufnahme ist das Übel für andere zwar nicht der Zweck der Handlung, wird aber insofern doch gewollt, als das jeweilige Wollen nicht geändert wird und das Übel daher mitgewollt wird. Die Erreichung eines bestimmten Zieles war eben wichtiger als die Vermeidung des damit einhergehenden Übels für andere. An sich will eine solche Person vielleicht niemanden schädigen. Aber wenn dies der Preis ist, um das zu tun, was man tun will, dann zahlt man diesen Preis. In einem solchen Fall sollte die juristische (und postmoralische) Beurteilung und auch nicht-juristische Bewertung eines solchen Menschen allerdings davon abhängen, in welcher Situation sich dieser befand. Wenn der Innenminister ein von Terroristen entführtes Flugzeug abschießen lässt, um eine hohe Anzahl von Menschenleben zu retten, und dabei den Tod der Passagiere billigend in Kauf nimmt (zumal diese höchst wahrscheinlich so oder so sterben werden), dann mag man diese Tat vielleicht trotzdem nicht goutieren. Aber man würde als verständiger Mensch diesen Fall anders beurteilen als z. B. den Fall, bei dem ein lebensmüder Pilot eine vollbesetzte Passagiermaschine zum Absturz bringt; oder den Fall, bei dem ein Polizist einen Amokläufer erschießt, um zu verhindern, dass dieser noch mehr Menschen ermordet. Das klingt nun freilich nach moralistischer Kasuistik, Bewertung und

---

[6] Es ist ein Unterschied, ob ich es (i) unterlasse, die möglichen Folgen meines Handelns zu reflektieren, ob ich (ii) die möglichen Folgen bewusst ausblende (durch Verdrängung), obwohl sie gleichsam schon im Bewusstseinshintergrund auftauchen (also ‚vorbewusst' sind, um mit Freud zu sprechen), oder ob (iii) ich „Kollateralschäden" bewusst riskiere (billigend in Kauf nehme).

Verurteilung. Aber darum kann es dem Postmoralismus gerade nicht gehen und darum geht es hier auch nicht. Es geht vielmehr um die Anwendungsbedingungen des postmoralischen Begriffs des Bösen – nicht nur wann man diesen Begriff sinnvoll verwenden, sondern auch worauf man ihn sinnvoll anwenden kann. Und es geht darum, dass der Begriff des Bösen auch Abstufungen zulässt. Nicht jeder Mensch, der sich gezwungen sieht, Böses zu tun, ist per se selbst böse (ein böser Mensch). Das Wollen ist dann nicht böse durch und durch, wenn man Böses tut, um ein größeres ‚böses Übel' zu verhindern. Wer aber etwa illegale Autowettrennen fährt und den Tod Unbeteiligter billigend in Kauf nimmt, legt eine gesteigerte Skrupellosigkeit und Rücksichtslosigkeit an den Tag. Und dies verweist nicht nur auf ein situativ bedingtes böses Wollen, sondern auch auf einen partiell bösen (nämlich extrem rücksichtslosen) Charakter, der sich in anderen Situationen vermutlich ähnlich rücksichtlos äußern wird. Auf was man das Wort ‚böse' sinnvoll appliziert (und in welcher Stärke), hängt also von der jeweiligen Situation und der jeweiligen Motivlage des ‚Täters' bzw. des Handelnden ab. Die entscheidende Frage ist: Warum hat Person X (in dieser Situation) ein Übel verursacht? Allerdings verweist diese Frage nicht nur auf die Entscheidungssituation als solche, sondern auch auf die Gründe und Triebfedern des Bösen (der bösen Absicht, des bösen Tuns etc.). Und diese Gründe und Triebfedern gibt es nicht unabhängig vom Charakter des Handelnden.

Haben wir den postmoralischen Begriff des Bösen damit hinreichend genau bestimmt? Das Böse an den Willen (bzw. an das jeweilige Wollen) von bewussten Subjekten zu binden, scheint mir unumgänglich zu sein. Vom individuellen Willen geht das Böse aus, sei es, weil der Wille selbst ein (partiell) bösartiger ist (d. h. einen boshafte Charakterzug besitzt) und daher Böses will, oder weil er in dieser Welt nicht umhinkommt, auch Böses zu wollen und zu tun, um andere (nicht-böse) Ziele zu erreichen, oder weil es in einer Situation nur die Wahl zwischen einer bösen und einer noch böseren Tat gibt. Oder auch um Ungerechtigkeiten, Beleidigungen, mutwillige Verletzungen etc. zu vergelten. Es gibt viele Gründe und Motive, Böses zu tun. Aber eine Handlung ist nie nur das Ergebnis einer Motivlage, sondern auch des ganz individuellen Charakters einer Person oder eines Subjekts. Ja: Ohne Charakter, auf den Motive tatsächlich einwirken, gibt es gar keine Motive. Erst dadurch, dass ein Bewusstseinsgehalt (eine Wahrnehmung, ein Gedanke, eine Abwägung etc.) tatsächlich ein Subjekt motiviert (also: *bewegt*), wird es zum Motiv (zum Movens).

Schopenhauer unterscheidet drei Grundtriebfedern, die das menschliche Handeln bestimmen: Egoismus, Bosheit und Mitleid. Während wir aufgrund des Mitleids durchaus fähig sind, selbstlos das Wohl eines anderen handelnd zu berücksichtigen oder gar zu befördern, sind die beiden anderen Grundtriebfedern Quellen des Bösen. Der größte Teil des von Menschen verursachten Übels entspringt nach Schopenhauer dem schnöden und allzu bekannten Egoismus und den Kollisionen der verschiedenen Egoismen. An sich ist der Egoismus allerdings nicht böse oder gar teuflisch, sondern überlebensnotwendig. Er ist als Interesse am eigenen Selbst eine Folge der Selbstaneignung (oikeiosis) und des hieraus resultierenden Selbstbewusstseins.[7] Diesen Zusammenhang zwischen Egoismus, Selbstaneignung und Selbstbewusstsein stellt Schopenhauer zwar nicht explizit her, aber man könnte ihn so verstehen,

---

[7] Vgl. Thorsten Streubel: Selbst-Bewusstsein. In: Fundamentalanthropologie. Eine Philosophie für das 21. Jahrhundert. Berlin 2021. 69–82. Und: Thorsten Streubel: Das leibliche Selbst. Eine leibphilosophische Anerkenntnistheorie des Selbstbewusstseins. In: Perspektiven der Philosophie 44 (2018). 73–91.

dass aus dem Selbstbewusstsein allein der Egoismus eben auch nicht ableitbar ist. Hierzu bedarf es einer gewissen charakterlichen Disposition, die man äquivok als Triebfeder des Egoismus bezeichnen kann. Man sollte allerdings zwischen dieser angeborenen Triebfeder und dem *Egoismus als Selbstverhältnis* zumindest analytisch unterscheiden, wenngleich es das Phänomen des Egoismus nur aufgrund der gleichnamigen Triebfeder (als conditio sine qua non) gibt. Denn es ist eines, sich als Selbst zu wissen, ein anderes dieses Selbst zum Zentrum seines Strebens und seiner Sorge zu machen. Und für letzteres ist die Triebfeder des oder besser: zum Egoismus vorauszusetzen. Aber erst diese Triebfeder in Verbindung mit dem Selbstbewusstsein kann ein egoistisches Selbstverhältnis ergeben: den konkreten Egoismus als Haltung zu sich und zur Welt. Schopenhauer schreibt hierzu:

„Dieser *Egoismus* ist, im Tiere, wie im Menschen, mit dem innersten Kern und Wesen desselben aufs genaueste verknüpft, ja, eigentlich identisch. Daher entspringen, in der Regel, alle seine Handlungen aus dem Egoismus, und aus diesem zunächst ist allemal die Erklärung einer gegebenen Handlung zu versuchen [...]. Der *Egoismus* ist, seiner Natur nach, grenzenlos: der Mensch will unbedingt sein Dasein erhalten, will es von Schmerzen, zu denen auch aller Mangel und [jede] Entbehrung gehört, unbedingt frei, will die größtmögliche Summe von Wohlsein, und will jeden Genuss, zu dem er fähig ist, ja sucht wo möglich noch neue Fähigkeiten zum Genusse in sich zu entwickeln. Alles, was sich dem Streben seines Egoismus entgegenstellt, erregt seinen Unwillen, Zorn, Hass: er wird es als seinen Feind zu vernichten suchen."[8]

---

[8] Arthur Schopenhauer: Preisschrift über die Grundlage der Moral (hrsg. v. Ludger Lütkehaus). Zürich 1999. 552 f.

Doch kommen wir zum engeren Begriffsproblem zurück. Denn wenngleich die Behandlung der Ursachen, Gründe und Triebfedern des Bösen einen wesentlichen Teil einer Wissenschaft vom Bösen ausmacht, so muss einer solchen anthropologischen (und auch psychologischen, soziologischen, historischen etc.) Untersuchung, eine philosophische Bestimmung des Begriffs des Bösen vorausgehen, da sonst unklar bliebe, was für ein Phänomenbereich und was für eine Klasse von Phänomenen überhaupt zum Gegenstand der Erklärung gemacht werden soll. Ohne einen klaren und hinreichend deutlichen Begriff des Bösen fehlte der Forschung gewissermaßen das Explanandum. Und um die Herausarbeitung eines solchen (post-moralischen) Begriffs des Bösen muss es hier – in diesem *philosophischen* Grundlegungsversuch – in erster Linie gehen. Und diese Arbeit scheint noch nicht zu Ende zu sein. Überlegen wir also weiter.

Allgemein kann man sagen: Gäbe es in der Welt keine Mehrzahl von Willen (bzw. von leiblichen und damit leidensfähigen wollenden Subjekten), dann gäbe es auch nicht das Böse oder Böses, denn niemand könnte leiden, niemandem ein Übel geschehen, daher auch niemand etwas Böses tun, nämlich Leid durch eigenes Handeln auf bestimmte Weise verursachen. Diese Begriffe gehören also zusammen: Wille, Charakter (= Beschaffenheit des Willens), Wollen, Handeln, böse und nicht-böse Taten, Übel, Verletzung, Schädigung, Leiblichkeit und Leidensfähigkeit (bzw. leidensfähige Subjekte im Plural[9]). Auch

---

[9] Sich selbst kann man zwar absichtlich verletzen, ob man in diesem Fall dann auch von einer bösen Absicht sprechen kann, scheint mir jedoch relativ willkürlich zu sein. Da der postmoralische Begriff des Bösen wertneutral bzw. wertfrei ist, spräche aber auch nichts dagegen, von einem bösen Willen zu sprechen, der gegen seinen ‚Träger' gerichtet ist (wobei dann der Wille den Leib benutzt, um den eigenen Leib oder den ganzen Menschen zu verletzen oder zu schädigen). Entscheidet man sich dazu, den Begriff des bösen Willens auch auf autodestruktive Handlungen auszuweiten, dann gäbe es auch im Falle eines solipsistischen Settings das Böse.

scheint es mir unverzichtbar zu sein, den bösen Willen bzw. das böse Wollen (mag er wodurch auch immer entstanden sein) als Übelwollen zu verstehen. Aber dieses Übelwollen müssen wir, wie wir gesehen haben, in einem weiteren Sinne verstehen, der auch jede Form der Rücksichtslosigkeit umfasst, aber auch ein Wollen in Pest-oder-Cholera-Situationen, insbesondere auch die billigende Inkaufnahme von Übeln und Schädigungen.

Der allgemeine Anwendungsbereich des postmoralischen Begriffs des Bösen ist jedenfalls klar definiert: Nur Subjekte, ihr Wollen, Wünschen und Tun, können böse sein, nicht aber Institutionen, Druckwerke, Bauten oder Kunstwerke. Letztere, also Nichtsubjekte, können aus einem bösen Willen resultieren, der z. B. mit Konzentrationslagern, Foltergefängnissen oder Massenvernichtungswaffen schreckliche Dinge realisiert. Aber ein Folterwerkzeug ist nicht intrinsisch böse, derjenige der es erdacht hat und derjenige der es einsetzt oder seinen Einsatz befiehlt, um andere zu quälen oder zu vernichten, aber durchaus. Wenn derjenige, der aktiv foltert und mordet, selbst dazu gezwungen wird, dann mag man vielleicht zögern, diesen Menschen als böse zu bezeichnen. Aber was er tut (und bedingterweise will), ist böse – aus deskriptiv-postmoralischer Sicht. Der Teufel steckt auch hier im Detail: Was heißt hier etwa Zwang? Und ist derjenige ‚böser', der die Installation von Foltergefängnissen angeordnet hat, als derjenige, der aktiv foltert? Und wie steht es mit der Folter eines Kindesentführers durch einen Polizisten, um das Leben des Kindes zu retten?[10]

---

[10] Man denke auch an den Fall ‚Jakob von Metzler' (2002) und die Gewaltandrohung durch den Polizeivizepräsidenten Wolfgang Daschner, wodurch der Entführer Magnus Gäfgen dazu gebracht wurde, den Aufenthaltsort des (bereits toten) Jungen zu verraten. War diese Gewaltandrohung böse? Wenn man der Meinung ist, dass es schon böse ist, jemanden auch nur Angst zu machen, dann war schon die Androhung von Gewalt böse. Aber nur im deskriptiven Sinne. Wie man diesen Fall (unter Absehung der Rechtslage) *bewerten sollte,* ist nicht so glasklar wie Moralisten gerne suggerieren.

Oder mit der Anordnung eines atomaren Zweitschlags? Oder mit Rache und Vergeltung ganz allgemein? Man darf sich durch solche Fragen allerdings nicht zu sehr verwirren lassen. Denn aus postmoralischer Sicht ist Böses zu tun nicht in jedem Fall als rundheraus schlecht zu bewerten. Es gibt Situationen, in denen muss man Böses tun, um noch schlimmere Konsequenzen zu vermeiden. Böses geschieht bzw. wird getan. Es ist Teil unserer Welt. Überlassen wir den Moralisten das Moralisieren und Verdammen. Der Postmoralismus empfiehlt dagegen, sich Gedanken darüber zu machen, wie wir die Welt dahingehend verändern können, dass erst gar keine Situationen entstehen, die Böses gebären, also Menschen dazu veranlassen, Böses zu wollen und zu tun (auch wenn dieses Ziel nur eine regulative Idee sein mag).

Das Verhältnis von Qualität und Quantität des Bösen ist sicher im Einzelfall und auch im Vergleich schwer zu bestimmen. Aber in vielen Fällen ist die Sache doch relativ klar: Ein Mord ist böse, ein Massenmord ist böser. Und eine Tat kann sogar beides zugleich sein: gut und böse (im jeweils deskriptiven Sinne), z. B. ein Tyrannenmord oder die schon angesprochene Liquidierung eines Amokläufers. In beiden Fällen wird einer Person etwas Böses angetan, um zu verhindern, dass diese noch viel mehr schreckliche Dinge tun kann. Der postmoralische Begriff des Bösen lädt somit alles andere als zum Schwarz-Weiß-Denken ein. Eine Handlung kann gut und böse zugleich sein, während ein Mensch, der sich gezwungen sieht, Böses zu tun, nicht selbst böse sein muss. Und natürlich ist auch nicht jeder, der Gutes tut, selbst gut. Und es kommt auch immer wieder vor, dass Menschen glauben, Gutes zu tun und gut zu sein, obwohl genau das Gegenteil der Fall ist.

b) Weitere Probleme

Über den postmoralischen Begriff des Guten wird gleich zu sprechen sein. Es gibt aber noch mehr Schwierigkeiten den Begriff des Bösen betreffend, etwa das Bagatellproblem oder das bereits angesprochene Problem, auf welche Subjekte überhaupt die Prädikate ‚gut' und ‚böse' sinnvoll anwendbar sind.

Zuvor gilt es jedoch den postmoralischen Begriff des Bösen, der beansprucht, einen Unterschied in den Phänomenen (= ontologischer oder essenzieller Begriff des Bösen) zu bezeichnen, von einem metaphorisch-metonymisch-übertragenden Gebrauch von ‚böse' sowie einem infantilen Begriff des Bösen abzugrenzen. Wenn man von bösen Zungen oder von bösen Witzen oder von bösen Vorahnungen spricht, dann wird ‚böse' im übertragenen Sinne gebraucht. Natürlich sind Zungen oder Witze nicht an sich böse, sondern allenfalls diejenigen, die mit bösen Zungen böse Witze erzählen. Und böse Vorahnungen sind oft einfach nur Vorahnungen von zukünftigem Unheil, aber ebenfalls nicht in sich selbst böse oder tatsächlich Vorahnungen von echtem Bösem. Gegen diese Verwendung des Terminus ‚böse' ist aber nichts Prinzipielles einzuwenden, solange man sich von diesem Sprachgebrauch nicht philosophisch verwirren lässt.

Den infantilen Begriff des Bösen erhält man, wenn man die obige Definition von ‚schlecht' auf das Wort ‚böse' überträgt.[11] Böse ist dann ebenfalls alles, was den ‚Bestrebungen eines bestimmten Willens zuwider' ist. So

---

[11] Faktisch dürfte ein Kind das Wort ‚böse' dadurch in seinen aktiven Wortschatz aufnehmen, dass man es selbst, etwa bei Ungehorsam, als ‚böse' schimpft (‚Du bist ein böser Junge!'). Es sind daher meist die Erwachsenen, die den Kindern den infantilen Gebrauch vorsprechen.

kann etwa die Mutter von ihrem Kind als außerordentlich böse wahrgenommen und auch so bezeichnet werden, wenn sie gewisse Verbote ausspricht und mit Sanktionen im Falle des Ungehorsams droht. Will die Mutter Schaden vom Kind abwenden, dann tut sie natürlich nichts Böses (auch wenn das wütende Kind das so sieht).

Wirklich nicht? So klar ist die Sachlage dann doch nicht. Denn verursacht die Mutter nicht trotzdem mit ihrem Verbot einen schmerzenden Gemütszustand bei ihrem Kind? – Sicher, und insofern ist dies ein Fall von ‚ein klein(er)es Übel in Kauf nehmen, um ein größeres abzuwenden'. Würde das Kind begreifen, dass das Verbot genau dies bezweckt, würde es weder wütend noch frustriert sein und seine Mutter auch nicht als böse qualifizieren. Der infantile Begriff und der essenzielle Begriff des Bösen überschneiden sich gewissermaßen in diesem Fall (da ja durchaus ein Verbot hier als Übel empfunden wird). Aber würde das Kind den Sinn des Verbots begreifen, würde es gar nicht auf die Idee kommen, dass ihm Böses widerfährt. Jedenfalls ist nicht jeder Mensch, der den Bestrebungen meines Willens zuwider ist, an sich böse. Das zu glauben wäre gerade infantil. Andererseits ist es fast unvermeidlich, anderen gelegentlich ein Übel zu bereiten, wenn man nicht selbst stets der Leidtragende sein will oder wenn man eben größeren Schaden von anderen abwenden will. Es kann also durchaus manchmal ‚gut' sein, ein ‚Übel für andere' billigend in Kauf zu nehmen: entweder weil es tatsächlich schlicht *gut für mich* ist (Egoismus) oder weil es so weniger schlecht für andere ist, oder weil es die Situation gebietet. Jemand, der etwa eine Stelle besetzen muss, mag vielleicht eine absolut angemessene Wahl treffen und den geeignetsten Bewerber auswählen. Er muss trotzdem allen anderen eine Absage erteilen. Und Einige werden dies als negativ erleben, möglicherweise wird es negative materielle Konsequenzen für sie haben. Auch hier würde man nicht sagen, dass derjenige, der die Stelle nur an einen einzigen Bewerber vergeben kann, böse ist. Aber auch wenn er angemessen und gerecht auswählt, ist dies zum Schaden für die anderen. Er muss etwas Böses tun.

Böses zu tun kann eben manchmal durchaus gut (zweckmäßig, angenehm, evaluativ gut etc.) sein. Versuchen wir daher nun einen postmoralischen (deskriptiven) Begriff des Guten als Gegenbegriff zum Begriff des Bösen zu konzipieren. Es dürfte schon hieraus klar sein, dass dieser konträre Begriff zu ‚böse ,nicht alle Bedeutungen von ‚gut' abdeckt. Zu diesem Zweck (der Begriffsbestimmung) ist es hilfreich, noch einmal auf Schopenhauers sprachanalytische Ergebnisse zurückzukommen. Schopenhauer schrieb (s. o.):

„Diejenigen aber, deren Charakter es mit sich brachte, überhaupt die fremden Willensbestrebungen als solche nicht zu hindern, vielmehr zu befördern, die also durchgängig hilfreich, wohlwollend, freundlich, wohltätig waren, sind wegen dieser Relation ihrer Handlungsweise zum Willen anderer überhaupt *gute* Menschen genannt worden. Den entgegengesetzten Begriff bezeichnet man im Deutschen, und seit etwan hundert Jahren auch im Französischen, bei erkennenden Wesen (Tieren und Menschen) durch ein anderes Wort als bei erkenntnislosen, nämlich durch böse, *méchant,* während bei fast allen anderen Sprachen dieser Unterschied nicht stattfindet […]."[12]

Schopenhauer bietet uns in dem obigen Zitat auch einen Begriff für ‚gut' an, den der Postmoralismus als Gegenbegriff zu ‚böse' übernehmen kann, indem er

---

[12] Arthur Schopenhauer: Die Welt als Wille und Vorstellung I (hrsg. v. Ludger Lütkehaus). Zürich 1999. 466.

wiederum die positive evaluative Komponente abscheidet. Gute Menschen („die gute Seele") sind zwar gut für andere Menschen und Tiere (oder bezwecken dies zumindest): Ihr Handeln ist den Bestrebungen anderer Willen gemäß. Aber genau dies ist ein nicht-evaluativer Sachverhalt. Auf Personen bezogen heißt ‚gut': wohlwollend oder förderlich (im Unterschied zum Übelwollen des bösen Willens). Natürlich führt nicht jedes wohlwollende Handeln auch zu guten Ergebnissen. Es ist entweder de facto gar nicht den Bestrebungen des Willens des Adressaten gemäß; oder es ist es, aber gerade dadurch ist es schädlich für den anderen (z. B., wenn man einem alkoholkranken, aber mittellosen Menschen aus Mitleid Alkohol beschafft). Und manchmal möchte man die guten Menschen vor sich selbst und anderen, die sie gnadenlos ausnützen, beschützen. Aber dies bedeutet nur, dass auch der gute Wille unintendiert Übel verursachen kann. Wie man den Gutwollenden in einem solchen Fall beurteilen will, hängt wieder von den ganz konkreten Umständen ab. Wenn er wohlwollend handelte und nicht paternalistisch und die Konsequenzen seines Tuns nicht erahnen konnte, dann verbietet es sich, die Gutheit zu schmälern, wenn das intendierte Wohl verfehlt wird. Der Unterschied zwischen dem evaluativen (oder dichten) und dem nicht-evaluativen (postmoralischen) Begriff des Guten besteht darin, dass ich im ersten Fall etwas oder jemanden als gut *für mich* und meine Zwecke beurteile *und bewerte,* im zweiten Fall aber eine deskriptive Feststellung über einen Menschen treffe, mit dem ich selbst gar nicht persönlich zu tun haben muss. Ich kann einen solchen Menschen sogar für ziemlich einfältig halten, ihn belächeln und auch verachten (und ausnutzen). Denn ‚gut' wird hier eben im deskriptiven Sinne verwendet und die hinzukommende Bewertung dieser Eigenschaft und der Subjekte, denen ich diese Eigenschaft zuspreche, muss gerade nicht positiv sein. Und kann es nicht sogar empören, wenn ‚gute' Menschen unfähig oder unwillig sind, dem Bösen Einhalt zu gebieten? Oder wenn sie auch ‚hilfreich und gut' zu bösen Menschen sind, wo es besser wäre, diese in ihre Schranken zu verweisen? Man sieht: Man muss gute (deskriptiv) Menschen nicht immer gut (evaluativ) finden. Gute Menschen können auch zu einem echten Problem werden. Man ‚darf' sich sogar über sie empören und Ihnen in den helfenden Arm fallen, wo sie sich und anderen schaden.[13]

Der postmoralische Begriff des Guten als Gegenbegriff zum Bösen ist also ebenso wie dieser rein deskriptiv zu verstehen. Aber im Unterschied zum rein instrumentellen Gebrauch des Wortes ‚gut' (‚gut zu') bezeichnet er eine weniger spezifische und situative Eigenschaft von Menschen und deren Intentionen, wenngleich diese natürlich trotzdem nur *gut für andere* sind. ‚Gut' ist auch hier eine relationale Eigenschaft, aber eben doch eine echte ontische Eigenschaft. Menschen können auch dann gut sein, wenn sie de facto gerade für niemanden gut sind, weil sie einen guten Charakter besitzen. Man kann einen Menschen als bloßes Mittel betrachten und dann sagt man, dass er einem sehr nützlich ist oder sein könnte. Vielleicht sagt man: Person X ist gut, Y zu tun. Abwertend werden Menschen auch gerne als „nützliche Idioten" bezeichnet (vor allem, wenn diese Menschen nicht wirklich begreifen wie sehr man in ihnen nur ein Wegwerf-

---

[13] Aus postmoralischer Sicht ist es freilich infantil in Kategorien des Dürfens oder Nichtdürfens, des Erlaubtseins oder Verbotenseins zu sprechen und zu denken. Man kann tatsächlich alles tun, wozu man vermögend ist, man wird es tun, wenn man zusätzlich dazu noch willens ist – wozu auch gehört, die Konsequenzen des eigenen Handelns in Kauf zu nehmen (z. B. eine gesetzliche Strafe oder soziale Ächtung). Aus der Nichtexistenz Gottes und der Moral folgt jedenfalls nicht, dass nun plötzlich alles erlaubt sei. Wo nie etwas verboten war, war auch nie alles erlaubt.

werkzeug sieht). Eine Person, die (in den Augen anderer) zu gar nichts gut zu sein scheint, wird auch heute noch als Taugenichts abqualifiziert. Aber wenn ich sage: Person X ist ein guter Mensch, dann abstrahiere ich von seinem situativen und subjektrelativen instrumentellen Nutzen und fälle ein generelles Urteil über den Charakter dieser Person. Und dies ist auch dann möglich und verständlich, wenn mir persönlich diese Person nicht nützlich war oder ist. Den postmoralischen Begriff des Guten schlicht mit ‚im Allgemeinen nützlich für andere' zu übersetzen, ist zwar nicht falsch, aber abstrahiert von etwas Entscheidendem: nämlich dass eine gute Person deshalb gut ist, weil ihr Selbstverhältnis weniger egoistisch geprägt ist (als das der meisten Menschen) und sie ein echtes Interesse am Wohl anderer Menschen (und Tiere) aufbringt. Und dies ist es, was man in erster Linie mit dem Wort ‚gut' (im Unterschied zu ‚böse' oder ‚schlecht' wie in ‚schlechter Mensch') zum Ausdruck bringen sollte – wenn man Postmoralist ist. Wir hätten also nach dem Bisherigen insgesamt drei Bedeutungen von ‚gut' zu unterscheiden: ‚gut' im Sinne von ‚angenehm', ‚gut' im Sinne von ‚nützlich' und ‚gut' im Sinne von ‚wohlwollend' (= postmoralischer Begriff des Guten). Eine vierte Bedeutung ist: ‚gut' im Sinne von vortrefflich oder gewisse Standards erfüllend (z. B. ein guter Sänger, eine gute Wissenschaftlerin, ein gutes Fahrrad etc.). Weil die Standards selbst als gut bewertet werden (warum auch immer), wird auch das, was an den Standards gemessen wird, als gut (auch als vorzüglich, hervorragend etc.) oder schlecht (oder gar als miserabel) bewertet. Die fünfte – nämlich moralistische – Bedeutung wurde bereits zurückgewiesen: der Begriff des ‚Guten an sich' (im evaluativen Sinne). Das betrifft auch die kantische Behauptung, dass nichts in und außerhalb der Welt „zu denken möglich" sei, „was ohne Einschränkung für gut könnte gehalten werden, als allein ein *guter Wille*."[14] – Es steht natürlich jedem frei, einen guten Willen als uneingeschränkt gut zu bewerten. Gut an sich (im evaluativen) Sinne ist er dadurch gerade nicht, sondern eben nur „uneingeschränkt gut" für denjenigen, der dies so sieht (wobei hier sehr wahrscheinlich ein Irrtum vorliegt, denn wann sind andere Menschen schon uneingeschränkt und für die Dauer ihres Lebens den Bestrebungen unseres Willens gemäß?). Man darf sich nicht verwirren lassen. Auch der Postmoralismus kann sagen, dass ein Wille ein wirklich guter (im deskriptiven) Sinne sei: nämlich ein wohlwollender. Es ist aber ein wesentlicher Unterschied, ob man einer Person die relationale Eigenschaft des Gutseins beilegt oder ob man ihr ein absolutes Wertprädikat zuspricht. Es ist auch völlig legitim, das Wohlwollen von jemandem zurückzuweisen und es negativ zu bewerten (weil man z. B. mit dieser Person längst gebrochen hat). Der uneingeschränkt gute Wille kann eben auch als uneingeschränkt schlecht bewertet werden. Darin liegt kein Widerspruch.

Kommen wir zum Bagatellproblem: Das Wort ‚das Böse' ist ein gewaltiges und zugleich doch auch irgendwie märchenhaft klingendes Wort – kein Wunder, begegnen uns doch gerade in vielen Märchen alle möglichen bösen Subjekte: der böse Wolf, die böse Hexe, die böse Schwiegermutter etc. Das Böse gibt es aber nicht nur in Märchen und Mythen. Das Böse ist, wie wir gesehen haben, Teil der Wirklichkeit, Teil einer Welt, in der es bewusst-wollende Subjekte gibt. Da der postmoralische Begriff des Bösen jedes Übelwollen, sogar das nur fahrlässige oder rücksichtslose Wollen und Handeln als böse begreift, ergibt sich das Bagatellproblem. Ist z. B. eine verbale Spitze gegen jemanden oder eine kleine Rück-

---

[14] Immanuel Kant: Grundlegung zur Metaphysik der Sitten. AA IV. 393.

sichtslosigkeit im Straßenverkehr wirklich *böse?* Ist so zu urteilen nicht schlicht unangemessen? Kaum jemand würde in solchen Situationen das Wort ‚böse' bemühen. Man könnte versuchen, den Begriff des Bösen sehr eng zu fassen, um so nur direkte Intentionen des Übelwollens sowie nur wirklich schlimme Fälle zu erfassen. Ein Problem dabei ist, dass uns zur Bezeichnung aller anderen Fälle kein geläufiger *genereller* Terminus zu Verfügung steht. Wir besitzen zwar durchaus differenzierte und situationsangemessene Begrifflichkeiten (z. B. grob, rücksichtslos, unverschämt, kaltschnäuzig, frech, gemein, mies, fies, unfair, unsensibel, herzlos, taktlos, intransigent, etc.), aber keine Genusbezeichnung für üble Bagatellen. Auch droht hier das Sandhaufenproblem (Sorites-Paradoxie): Ab wann sind die üblen Folgen einer Tat derart groß, dass man berechtigt ist, den Begriff des Bösen zur Anwendung zu bringen? Und führt nicht oft auch gerade fahrlässiges Handeln zu entsetzlichen Folgen? Ich möchte nicht behaupten, dass man diese Probleme nicht begrifflich in den Griff bekommen kann. Die Motivation, den Begriff des Bösen einzugrenzen, scheint mir aber zu sein, dass man dabei immer noch an den zu überwindenden moralistischen Begriff des Bösen, möglicherweise sogar an den Teufel und andere Märchengestalten denkt. Dass das Böse aber auch sehr banal sein kann (wenngleich deshalb ganz und gar nicht harmlos), hatte Hannah Arendt gezeigt (obgleich ausgerechnet das Paradebeispiel des Adolf Eichmann wohl ein Missgriff war).[15] Die alten sprachlichen Intuitionen müssen aber ausgeschaltet werden, wenn es darum geht, einen sachadäquaten Begriff zu gewinnen. Da der postmoralische Begriff des Bösen rein deskriptiv

---

[15] S. hierzu Bettina Stangneth: Eichmann vor Jerusalem. Das unbehelligte Leben eines Massenmörders. Zürich, Hamburg 2011.

gefasst werden soll, um damit einen wichtigen Aspekt der Wirklichkeit zu erfassen und zu begreifen, scheint es mir stringenter zu sein, auch Bagatellen (etwa harmlose Rücksichtslosigkeiten) als ‚böse' zu bezeichnen. So gesehen handeln wir in diesem deskriptiven Sinne ständig böse, wenn wir etwa Tiere essen oder durch unseren Lebensstil die Lebensgrundlage anderer Subjekte (Menschen und Tieren) zerstören, also immer dann, wenn wir auf Kosten anderer leben. Trotzdem ist böse nicht gleich böse. Es gibt unterschiedliche Arten des Bösen, die sich einerseits über die Gründe und Triebfedern des Bösen definieren und andererseits über die intendierten oder realen Folgen (über das Ausmaß des resultierenden Übels). Es gibt das kleine Böse (kleine Gemeinheiten, Schabernack, den augustinischen Birnendiebstahl), das alltägliche (mittelschwere) Böse (Hänseleien, Beleidigungen etc.) und das große Böse (Folter, Mord, Massenmord etc.), es gibt das banale und das nicht-banale Böse etc. Es gibt (vermutlich) durch und durch böse Menschen, es gibt Menschen, die nur gelegentliche böse Absichten hegen, es gibt gute Menschen und vielleicht gibt es sogar Heilige. Kein Mensch wird jedoch in dieser „besten aller möglichen Welten" bestehen können, ohne gelegentlich Böses zu tun. Wenn wir es wollen, können wir aber gemeinsam dafür kämpfen, dass die Realisationsbedingungen des Bösen vermindert werden. Dies ist es ja, was der Postmoralismus empfiehlt: Politik statt Moral, gutes Recht setzen, statt zu moralisieren. Die Moral (einschließlich der religiösen) hat die großen und kleinen Verbrechen der Menschen nicht verhindert – das sollte man nicht vergessen. Und auch wenn ich mich oben kritisch hinsichtlich der *Legitimität* von staatlichen Verfassungen geäußert habe, so bin ich doch nicht der Meinung, dass der Anarchismus die richtige pragmatische Antwort auf das Problem des Bösen ist. ‚Rechtsstaat oder Anarchie?' – eine ehrliche Diskussion dieser Frage (wenn man sie für angezeigt hält) sollte man tatsächlich auf dem Boden des Postmoralismus führen. Ich muss mich an dieser Stelle damit begnügen, darauf hinzuweisen, dass der Postmoralismus diesbezüglich nichts präjudizieren kann. Denn letztlich müssen die Menschen selbst entscheiden wie (und ob) sie ihr Zusammenleben regeln wollen. Der Philosoph ist auch hier nur in der beratenden Position. Und in Bezug auf das Böse lautet zumindest mein Ratschlag: Menschen wollen und tun Böses in Situationen und unter Bedingungen, die sie in der Regel nicht selbst individuell ‚verschuldet' haben, jedenfalls nicht in Gänze. Eine bessere Welt (in der Menschen weniger Übel verursachen) müssen wir, sofern wir das wollen, selbst herzustellen versuchen. Und dafür müssen wir über die Gründe und Ursachen des Bösen bzw. des Übelwollens Bescheid wissen.

Man mag vielleicht trotzdem einwenden, dass der postmoralische Begriff des Bösen nicht mehr mit unserem alltäglichen Sprachgebrauch übereinstimmt. Aber dieser Einwand trifft nicht, denn Wissenschaft war und ist nie nur die Explikation unseres Sprachgebrauchs. Es ist jedoch auch nicht das Ziel des Postmoralismus, den alltäglichen Sprachgebrauch zu reformieren (den Menschen vorzuschreiben, wie sie zu reden haben), sondern einen wissenschaftlich brauchbaren und zugleich sachangemessenen Begriff zu gewinnen, also seine Sachhaltigkeit (Realität) zu sichern und seine Anwendungsbedingungen und -bereiche zu klären. Dass philosophische Begriffe sich von Alltagsbegriffen unterscheiden, ist nichts Ungewöhnliches und daher auch nicht per se zu beanstanden.

Kommen wir zum dritten Problem: Können Tiere bzw. nicht-geistige, aber bewusste Subjekte (Animanten), also Subjekte, die nicht zur Begriffsbildung und zum verständigen Gebrauch darstellender Sprache fähig sind, böse sein? – Diese Frage ist in der Tat nicht leicht zu beantworten. Lebensformen, die überhaupt nicht bewusst sind, die also nichts erleben und damit auch nichts bewusst wahrnehmen und tun (= Animaten), können nicht böse sein. Denn so wie wir den Begriff des Bösen bisher entwickelt haben, gehört zum bösen Wollen (und zum Wollen überhaupt) dazu, dass ich auch *etwas* will und dass mir dieses Etwas, das ich will, auch bewusst ist. Wenn ein Löwe (vorausgesetzt, er ist ein Animant) eine Antilope schlägt, um seinen Hunger zu stillen, dann sieht er die Antilope auf bewusste Weise in dem Sinne, dass diese dem Löwen nicht nur phänomenal in dessen Wahrnehmungsraum erscheint, sondern auch den nicht-begrifflichen Charakter des Fressbaren und Hungerstillenden an sich trägt. Doch nach allem, was wir wissen, verfügt der Löwe über keinen Begriff der Antilope oder über den Begriff des Übels. Vielleicht hat er negative Erfahrungen gemacht (Entbehrungen, Verletzungen). Aber die Frage ist: Weiß der Löwe, dass er der Antilope etwas Schlimmes antut, wenn er sie tötet? Und wenn man diese Frage abschlägig beantwortet, dann ist eine wichtige Anwendungsbedingung für das Wort ‚böse' nicht gegeben: nämlich, dass ich weiß, was ich tue, wenn ich jemandem schade. Oder dass ich dies zumindest prinzipiell hätte wissen können. Wenn Löwen aber nichts wissen können, weil sie eben nicht denken und damit auch nicht deliberieren können (weil sie keine Begriffe haben und keine Urteile fällen können), dann können sie zwar Leid verursachen, aber sie tun dies ohne bösen Willen bzw. ohne böse Intentionen. Die Alternative wäre, jede Entität, die Leid verursacht, böse zu nennen, z. B. Erdbeben und Viren. Aber Erdbeben und Viren wollen nichts im intentionalen Sinne. Oder soll man sagen, dass ein einfaches – besinnungsloses – Wollen (wie ich es dem Löwen unterstellt habe) genügt? Anders formuliert: Muss das Wollen ein Etwas-als-etwas-Wollen sein oder genügt ein einfaches Etwas-Wollen? Das erste Wollen setzt entsprechende Begriffe voraus, das zweite nicht. Mir scheint, dass zumindest ein reines und einfaches Etwas-Wollen, das zudem niemals ein Übel ‚bezweckt', d. h. dieses nicht direkt (sei es unbedingt oder bedingt) will, auch nicht als böse qualifiziert werden kann. Der Löwe ist hungrig und die Antilope ist für ihn etwas zum Fressen. Das ist vermutlich die ganze Geschichte. Ein Tier müsste zumindest so viel Einfühlungsvermögen besitzen, dass ihm vor oder während der Tat klar ist, dass es einem anderen Tier ein Übel zufügt. Nur dann wäre es sinnvoll, den Begriff des Bösen auch auf nicht-menschliche Subjekte auszuweiten. Selbst wenn man die These vertritt, dass es auch ein vorsprachliches und vorbegriffliches Etwas-als-etwas-Wollen gibt (z. B. bei Primaten), dann bliebe es weiterhin sinnvoll, den postmoralischen Begriff des Bösen nur auf solche Animanten anzuwenden, die zu dieser Art des Wollens, welches auf einem hohen Maß an Fremdverstehen basiert, fähig sind. Die Frage, wer aber zu diesem erlauchten Kreis des potenziell Bösen gehört, ist sicher nicht durch philosophisches Nachdenken auf valide Weise beantwortbar. Aber im Grundsätzlichen ändert sich nichts. Wer nicht fähig ist, zu wissen, was er (oder es) tut, der will das, was er nicht wissen kann, auch nicht. Kurz: Nur Wesen, die um die üblen Folgen ihrer Taten (und zwar für andere Subjekte) wissen können, können auch ontologisch böse sein oder Böses wollen. „Was aufgrund von Unwissenheit geschieht, ist alles nicht gewollt."[16] Das Problem hierbei ist, dass dann kein Animant wirklich etwas will, wenn man den Begriff des Wissens zu einer Bedingung des Wollens macht. Es bedarf daher möglicherweise

---

[16] Aristoteles: Nikomachische Ethik 1110 b.

einer dritten Kategorie, die zwischen übelverursachenden Naturereignissen und dem bösen Wollen angesiedelt wäre; man könnte etwa – in Anlehnung an Heideggers Begriff der Benommenheit – bei Animanten von einer ‚benommenen Grausamkeit' sprechen.

6

Schlussbetrachtung und Ausblick

Das Phänomen des Bösen lässt sich durchaus auf den Begriff bringen.[1] Das zentrale Phänomen des Bösen ist das *Übelwollen,* sei es, dass hierbei das Übel für andere (Verletzungen und Schädigungen aller Art, einschließlich Rufschädigung durch üble Nachrede, Folter, Mord etc.) das eigentliche Ziel ist oder zumindest billigend in Kauf genommen oder auch nur durch Fahrlässigkeit

---

[1] Dies wurde in den letzten Jahrzehnten immer wieder bestritten. So schreibt etwa Susan Neiman: „Da ich es für unmöglich halte, wesenhafte Eigenschaften des Bösen zu definieren, interessiert es mich mehr, was das Böse uns antut." (Das Böse denken. Eine andere Geschichte der Philosophie. Frankfurt a. M. 2004. 35.) – Man fragt sich allerdings, wie man ohne distinkten Begriff des Bösen überhaupt sinnvoll über „das Böse" sprechen und umfangreiche Abhandlungen über dasselbe schreiben kann. Woher weiß Neiman eigentlich, dass das, was wir als negativ bewerten, das Böse zur Ursache hat oder selbst etwas Böses ist? Wie lässt es sich ohne Begriff eindeutig identifizieren? – Man könnte hier und in anderen Fällen von einer gewissen gepflegten Irrationalität in der Philosophie des Bösen sprechen. Eine kleine Übersicht über diesen Irrationalismus (und Skeptizismus) gibt Jörg Noller: Gründe des Bösen. Ein Essay im Anschluss an Kant, de Sade und Arendt. Basel 2019. 9 ff.

möglicherweise verursacht wird. Denn auch im letzten Fall (der Fahrlässigkeit) nimmt man zumindest ein Risiko der Schädigung in Kauf, auch wenn man eigentlich hofft, dass nichts Schlimmes passiert (für das man anschließend selbst verantwortlich gemacht werden könnte). Die Erreichung der eigenen Ziele ist aber hier in jedem Fall wichtiger als Risikovermeidung. Erst von diesem zentralen Phänomen des Übelwollens aus lässt sich der Begriff des Bösen (unter Umständen) sowohl auf den Charakter (und damit zudem in differenzierter Form auf eine Person als ganzer) als auch auf eine Handlung und deren Folgen übertragen.[2] Das Wollen ist gewissermaßen zwar der Quellpunkt des Bösen wie des Guten, der Ort an dem beide entspringen, aber eben darum selbst nicht grundlos. (Keine weltliche Quelle entspringt dem absoluten Nichts, dem nihil negativum oder der Willensfreiheit.[3]) Und daher kann von

---

[2] Es handelt sich hier um eine Art „pros hen-Relation". Da sich das Böse eigentlich erst im Wollen manifestiert und das böse Wollen die Voraussetzung dafür ist, auch ein Übel als böse zu kategorisieren, ist das böse Wollen das Eine, von dem alle anderen begrifflich eindeutigen Verwendungsweisen sich ableiten. Der Charakter ist nur in einem potenziellen Sinne als ‚böse' zu qualifizieren, insofern er zu bösem Wollen und bösem Tun disponiert. Und das Handeln ist immer auch vom Wollen (der Absicht) her zu beurteilen (nie nur von den Folgen). In der Realität kann allerdings nur von der sichtbaren Handlung (einschließlich verbaler, schriftlicher und emotionaler Äußerungen) auf das Wollen und vom Wollen auf den Charakter zurückgeschlossen werden – ein Schluss, der immer problematisch bleibt, aber tatsächlich nicht immer in gleicher Weise problematisch ist. Wer etwa andere absichtlich schwer schädigt, nur um eines geringen eigenen Vorteils willen, kann nicht in Wahrheit ein durch und durch guter Mensch sein. Ein deskriptiv wahres Urteil über einen solchen Menschen kann hier zumindest mit einiger Sicherheit gefällt werden – aber nur, wenn man die Motivlage dieses Menschen wirklich hinreichend erfassen kann. Wer anderen Menschen Gerechtigkeit hinsichtlich des eigenen Urteilens zukommen lassen will, sollte also jede vorschnelle Verurteilung vermeiden.

[3] Das Konzept der Willensfreiheit (als des Vermögens, sich in einer bestimmten Entscheidungssituation sowohl für A als auch für –A entscheiden zu können) läuft auf Grundlosigkeit und damit auf den absoluten Zufall hinaus und stellt daher einen defekten Begriff dar. Folglich sind die Begriffe des guten oder bösen Wollens auch nicht mit dem Begriff der Willensfreiheit zu verknüpfen. Es reicht einen Willen zu haben und einen Begriff davon, was man hier und

6 Schlussbetrachtung und Ausblick

hier aus der Begriff ‚böse' auf die Voraussetzungen und Konsequenzen des bösen Wollens rechtmäßig übertragen werden. Wir hatten aber gesehen, dass nicht jede böse Tat auf einen bösen Charakter verweist oder rechtmäßig schließen lässt. Ein (partiell) böser Charakter ist allerdings ein solcher, der (auch) zu bösem Wollen und Handeln disponiert und in Verbindung mit einer entsprechenden Motivlage tatsächlich ein böses Wollen hervorbringt.

Die jeweilige Motivlage eines Menschen ergibt sich allgemein aus dem (sprachlichen) In-der-Welt-Sein, der individuellen geistigen Verfasstheit und aus der Tatsache, dass jeder Mensch eben ein ganz *bestimmter* Mensch ist, der genau dieses (sein eigenes) Leben führen muss. Im Besonderen ist es der situative geistige Verweisungszusammenhang (‚Welten der Welt') und die hierdurch ermöglichte Deliberation, die eine bestimmte Willensbildung ermöglicht und bedingt. Ein entschiedenes Wollen kann eine bestimmte Handlung betreffen und diese dirigieren (Vorsatz), es kann aber beim (noch unentschiedenen) Wollen auch um die Wahl bestimmter Maximen gehen und überhaupt um die eigene *Haltung* zur Welt, zur Natur, zu anderen Menschen und zu Tieren. Kein Mensch ist ein Uhrwerk des Bösen, sondern das Böse, das einer will und tut, ist immer durch das *je seinige* situative geistige In-der-Welt-Sein mitbedingt. Nur in stetiger Auseinandersetzung und im Wechselverhältnis mit der Welt und anderen Subjekten entsteht das Böse – zunächst als böses Wollen und – davon abgeleitet – als böses Agieren. Eine Phänomenologie des Bösen sowie eine Ätiologie desselben muss daher immer beides berücksichtigen: den

---

jetzt will und tut, um auch einen guten oder bösen Willen haben zu können. Auch um eine Tat einem Täter zurechnen zu können, genügt es, dass jemand der tatsächliche Täter der Tat war und dass er wusste, was er tat.

Charakter und die jeweilige Motivlage (die selbst auf den angedeuteten Voraussetzungen beruht und von diesen mitverursacht wird). Denn nicht jeder, der z. B. ein mögliches Motiv (oder einen Grund) hat, einen Mord zu begehen, begeht auch einen. Und nur wer einen Mord tatsächlich begangen hat, hatte auch ein Motiv hierzu (denn etwas ist nur dann ein wirkliches Motiv, wenn es auch motiviert, also bewegt oder gewirkt hat).

Wenn man nach den Gründen und Ursachen des Bösen fragt, muss man sich zunächst über die Komplexität der Fragestellung klarwerden. Zuvörderst gilt es, das rein theoretische Projekt einer allgemeinen Ätiologie des Bösen von einer auf einen ganz bestimmten Fall bezogenen Erklärung (in Bezug auf eine bestimmte Person oder Personengruppe) zu unterscheiden. Beide Forschungsrichtungen können und müssen zweifellos voneinander profitieren, aber sie sind analytisch auseinanderzuhalten. So kann eine allgemeine Ätiologie zwar nicht auf Fallstudien (z. B. über Eichmann) verzichten, aber es gilt auch auf deren Basis zu allgemeinen Einsichten zu gelangen (etwa über das Verhalten von Menschen in totalitären Systemen, im Krieg, im Zeitalter der Ideologien und Massenbewegungen oder auch des Darknet und der sozialen Netzwerke etc.). Eine allgemeine Ätiologie des Bösen hat die Verschränkung von Mensch und Gesellschaft (inklusive Kultur, Geschichte, Ökonomie, des politischen Systems, des Zeitgeistes etc.) zu reflektieren. Eine Ätiologie des Bösen kann daher keine rein philosophische Unternehmung sein, sondern ist nur multidisziplinär sinnvoll zu realisieren. Die Philosophie kann aber von sich aus grundsätzliche anthropologische Einsichten zu diesem Projekt beisteuern, etwa eine präzise Verhältnisbestimmung von erster und zweiter Natur oder die phänomenologische Klärung relevanter und explikatorisch unverzichtbarer subjekt- und hand-

6 Schlussbetrachtung und Ausblick

lungstheoretischer Begriffe (wie ‚Mensch', ‚Subjekt', ‚Ich', ‚Wille', ‚Charakter', ‚Trieb', ‚Streben', ‚Begehren', ‚Affekt', ‚Handlung' etc.). Die Grundlage einer Theorie des Bösen muss m. E. die Fundamentalanthropologie[4] sein, die die Grundverfassung menschlicher und damit potenziell böser Subjekte erkundet. Sie muss ergänzt werden durch eine Anthropologie der Individualität (Charakterologie) und der Sozialität (Habitus, soziale Rolle). Aber nur in Kooperation mit Einzelwissenschaften wie der Psychologie, der Psychiatrie, der Soziologie, der Geschichtswissenschaft etc. lässt sich eine systematische Ätiologie des Bösen realisieren.

Man muss zudem über einen klaren und (einigermaßen) deutlichen Begriff des Bösen verfügen, um a) bloße Übel (das malum physicum, aber auch unabsichtliche üble Handlungsfolgen) von ‚bösen Übeln' unterscheiden und b) auf sinnvolle Weise (nämlich durch den Begriff des Bösen geleitete) Ursachenforschung betreiben zu können. Die vorliegende Untersuchung hat genau dies zu leisten versucht: nämlich einen sachadäquaten Begriff des Bösen zu erarbeiten und bereitzustellen. Erst durch eine systematisch vollständige Ätiologie ließe sich aber auch ein erschöpfend adäquater Begriff des Bösen gewinnen. Denn zu dessen vollständigen Bestimmtheit gehörte eben auch die vollständige Angabe der verschiedenen *Arten* von Gründen und Ursachen des Bösen. Die eigentlich interessante Frage bleibt doch immer: Warum wollen Menschen eigentlich Böses tun? Warum wollen sie anderen schaden oder diese gar liquidieren? Allerdings dürfte auch klar sein, dass die

---

[4] Vgl. das Kapitel: ‚Die Idee einer Fundamentalanthropologie' in: Thorsten Streubel: Fundamentalanthropologie. Eine Philosophie für das 21. Jahrhundert. Berlin 2021. 43–68.

Idee eines vollständigen Begriffs des Bösen zunächst nur eine regulative Idee im kantischen Sinne sein kann, die den Forschungsprozess dirigiert. Andererseits ist es doch unwahrscheinlich, dass es unendlich viele Gründe und Triebfedern gibt, Böses zu tun. Von daher ist es nicht ausgeschlossen, dass zumindest der allgemeine Begriff des Bösen doch endlich und damit für endliche Erkenntnissubjekte einholbar ist.[5]

Hinter dem postmoralischen Begriff des Bösen steht keine Privations- und auch keine Perversionstheorie mehr und kann es auch nicht. Jörg Noller schreibt zu dieser Unterscheidung:

„Die Tradition der Privationstheorie besagt, dass das moralisch Böse keine *eigenen* Gründe hat. Es stammt aus dem Nichts, ist ein bloßer Mangel am Guten, ein Defekt. Und diese nichtige Herkunft bedeutet, dass sich für seine Existenz auch keine rationalen Gründe angeben lassen. Dagegen steht die Perversionstheorie des Bösen. Sie besagt, dass das Böse nicht aus einem Defekt stammt, sondern eine eigene Realität aufweist. Und wenn es eine eigene Realität hat, dann gibt es Gründe dafür, die sich weiter verständlich machen lassen müssen."[6]

---

[5] Das gilt aber vermutlich nur für die den Begriff des Bösen unmittelbar konstituierenden Teilbegriffe, die selbst aufgrund ihrer Verflechtung mit anderen Begriffen auf die Unendlichkeit des Begriffskosmos verweisen. Insofern gilt für den Begriff des Bösen das, was für alle Begriffe gilt: Sie verweisen auf eine infinite Totalität. Vgl. hierzu ausführlich: Thorsten Streubel: Kritik der philosophischen Vernunft. Die Frage nach dem Menschen und die Methode der Philosophie. Wiesbaden 2016. 153 ff.

[6] Jörg Noller: Gründe des Bösen. Ein Essay im Anschluss an Kant, de Sade und Arendt. Basel 2019. 14. Noller ist einer der profiliertesten Vertreter der Perversionstheorie des Bösen in Deutschland. Die Perversionstheorie ist aber eine *moralistische* Theorie, insofern sie an der Idee eines absolut Guten oder (moralisch) Richtigen festhält. Böse ist nach Noller z. B. derjenige, der „sein Eigeninteresse oder seinen Egoismus nicht der moralischen Forderung nach Universalisierbarkeit und Altruismus unterordnet, sondern seine Individualinteressen allein auf Kosten der anderen behaupten will." (15).

6 Schlussbetrachtung und Ausblick

An anderer Stelle heißt es diesbezüglich:

„Zum einen wird die These vertreten, dass das Böse etwas prinzipiell Defizitäres ist, das sich aus menschlichem Unvermögen, Schwäche oder einem Mangel an Freiheit und Reflexion speist *(Privationstheorie des Bösen)*. Demgegenüber steht die Auffassung, dass das Böse dem Guten hinsichtlich seiner Realität gleichrangig ist. Das Böse ist demnach kein Mangel an Sein oder Freiheit, sondern eine andere Seinsweise, die die gute Ordnung nicht bekräftigt, sondern diese vielmehr aktiv auf den Kopf stellt, also pervertiert und damit letztlich zerstört *(Perversionstheorie des Bösen)*."[7]

Der *postmoralische* Begriff des Bösen bezeichnet schon allein deshalb keine *privativen* Phänomene, da es diese schlichtweg nicht *an sich* gibt, sondern immer nur bezogen auf eine Norm oder ein Ideal und damit auf einen bestimmten Willen und seine Zwecke. Nichts ist gut an sich im *evaluativen* Sinne (also unabhängig von subjektiven Wertungen). Sein und Gutsein sind nicht konvertibel im Sinne der alten Transzendentalienlehre („ens et bonum convertuntur"). Daher kann auch nichts an sich (ontologisch) privativ sein. So kann etwas zwar ein schlecht gezeichnetes Dreieck darstellen; es ist aber nur dann schlecht gezeichnet, wenn jemand wollte oder will, dass es dem Ideal eines perfekten Dreiecks (das nicht mit dem idealen Dreieck der Geometrie identisch ist) möglichst nahekommt. Hieran gemessen ist es ‚schlecht', an sich ist die Zeichnung, was sie ist – weder gut noch schlecht, aber durchaus ohne Abstriche *seiend*. Sie besitzt daher nicht weniger Sein als eine akkuratere Zeichnung. Dasselbe gilt für ‚das Böse'. Das Böse ist kein weniger Gutes. Es ist überhaupt nichts (minder) Gutes an

---

[7] Jörg Noller: Theorien des Bösen zur Einführung. Hamburg 2017. 123.

sich, sondern höchsten etwas Gutes oder Schlechtes im evaluativen Sinne für jemanden. Das Böse ist: das Böse. Und es ist bezogen auf Menschen sogar ein völlig normales und alltägliches Phänomen, auch wenn der eigene böse Wille gerne verschleiert wird, um soziale Nachteile zu vermeiden und den guten Ruf zu wahren.[8] Es besteht jedenfalls kein Grund, das Böse zu mystifizieren. Das meiste Böse geschieht aus Egoismus und ist somit zwar radikal, nämlich im Menschen und seinem Selbstverhältnis verwurzelt, aber eben deshalb auch in den meisten Fällen alles andere als rätselhaft. Wie sich der Egoismus äußert, hängt auch wesentlich von den äußeren Umständen (einschließlich der wirtschaftlichen, politischen und gesellschaftlichen Ordnung) und der Sozialisation ab. Aber ein rücksichtsloses Verhalten beispielsweise ist einfach eine Art des Sichverhaltenkönnens und in keiner Weise privativ. Rücksichtsloses Verhalten ist daher auch nicht ein bisschen gut, nur weil es überhaupt *ist*. Es ist auch nicht weniger seiend als anderes Verhalten nur weil es nicht absolut gut ist. Die alteuropäische *Privatio boni*-Theorie des Bösen ergibt nur Sinn vor dem Hintergrund einer bestimmten Art des Platonismus: dass nämlich nicht nur die Ideen seiender sind als reale Entitäten, sondern dass auch Letztere unterschiedlich seiend sind je nachdem sie mehr oder weniger Anteil (methexis) an ihrer Idee haben.[9] Beide Theoreme sind unhaltbar. Adolf Eichmann war nicht weniger seiend oder ein Mensch als z. B. Hannah Arendt, nur weil er vielleicht weniger gut (menschenliebend) war als Letztere. Böses hat er aber durchaus getan. Und nach allem, was wir heute wissen, war es *aus seiner Sicht* gut und richtig.

---

[8] Wer den Feind vernichtet, darf sich allerdings auch oft als Held feiern lassen.

[9] Diese Argumentation würde auch unter der Prämisse nicht falsch werden, dass es einen Gott gibt, in dessen Geist die platonischen Ideen existieren.

6 Schlussbetrachtung und Ausblick

Der postmoralische Begriff impliziert auch nicht, dass das Böse durch eine Perversion des an sich Guten und Richtigen zustande kommt (wie das prominent schon Kant in der *Religionsschrift* behauptet hatte). Die Perversionstheorie des Bösen setzt die absolute Moral (oder ein absolutes Richtig und Falsch) voraus, deren Verkehrung gewissermaßen zur Maxime des Handelns werden könnte. Da der Postmoralismus deren Sein und Geltung bzw. Wahrheit negiert, kann er auch keine Perversionstheorie des Bösen vertreten. Der Postmoralismus fast den Begriff des Bösen, wie gesagt, rein deskriptiv, mithin ‚positiv', aber nicht affirmativ, sondern so, dass mit ihm etwas *positiv Vorhandenes* schlicht begriffen wird und damit zu einem zu erklärenden Phänomen gemacht werden kann (= deskriptiv-explikative Theorie des Bösen), zu dem man sich dann auch praktisch-politisch positionieren kann. Wenn es keine absoluten moralischen Normen und Werte gibt, kann das Böse auch nicht als Perversion einer entsprechenden Ordnung verstanden werden. Nichtsdestotrotz sind ‚gut' und ‚böse' auch aus postmoralischer Sicht Gegensatzbegriffe (wenngleich ein faktischer Wille in einer Hinsicht deskriptiv gut und in anderer Hinsicht deskriptiv böse sein kann). Aber das Böse ist keine Verkehrung einer überempirischen normativen oder evaluativen Ordnung, sondern schlicht eine Möglichkeit, zu sein und zu wollen, die jedem Menschen, insofern er Mensch ist, offensteht. Sie steht ihm offen, weil der Mensch – um mit Heidegger zu sprechen – im Offenen steht, d. h. eine ‚Welt' (als sinnhaften Verweisungszusammenhang) hat und daher *etwas als etwas wollen kann;* oder schlicht: weil ‚Geistigkeit' ein Grundmoment (Anthropoial) des Menschseins ist. Das Böse ist auch nicht rätselhafter als das Gute. Das Gegenteil ist der Fall – jedenfalls was das Böse aus Egoismus betrifft. Das uneigennützige, selbstlose Böse (falls es ein solches gibt) steht dagegen auf einer Stufe mit dem selbstlosen Guten – zumindest was beider Intelligibilität oder Nichtintelligibilität betrifft.

Nicht jede Art des Bösen ist also so unmittelbar verständlich wie dasjenige, welches aus purem Egoismus resultiert. Es dürfte ein lohnendes anthropologisches Projekt sein, die oben projektierte systematische Ätiologie des Bösen zu einer allgemeinen Triebfederlehre zu erweitern und zu zeigen, dass die weitverbreitete These, dass jedes Handeln letztlich auf den Egoismus (auf Selbstliebe, Eigeninteresse, Eigennutz oder gar auf schnöde Lustgewinnung) zurückzuführen ist, einseitig und damit falsch ist. Menschen sind vielmehr (wie schon bemerkt wurde) ‚wertexzentrische' Wesen und können ihr Herz an alles Mögliche hängen (nicht nur an ihre eigene Existenz).[10] Ja, Menschen können ihr Leben auch für etwas opfern, was sie als höherwertig empfinden als ihr eigenes an sich völlig unbedeutendes „Dasein". Es gibt eine Menge unterschiedlicher ‚Dinge' (Projekte, Ziele, politische Ordnungen), von denen Menschen überzeugt sind, dass es sich für diese lohnt zu kämpfen und Opfer zu bringen. Außerdem sind Menschen, wie eben bemerkt, ‚Welt'wesen, das heißt, sie leben in einem sinnhafte Verweisungszusammenhang, der nie als Totalität gegeben ist, aber trotzdem den Hintergrund auch jeder Deliberation

---

[10] Nur im Falle des extremen Narzissmus scheint die Pluralität der Liebesobjekte zugunsten eines einzigen aufgehoben zu sein: dem eigenen menschlichen Selbst. Vgl. allgemein zum Narzissmus und seinen sozialen Bedingungen: Marie-France Hirigoyen: Die toxische Macht der Narzissten und wie wir uns dagegen wehren. München 2020. Erich Fromm (Die Seele des Menschen. Ihre Fähigkeit zum Guten und zum Bösen. München 2017.) schreibt: „Die Psychose ist ein Zustand des absoluten Narzissmus, ein Zustand, in dem der Betreffende jede Verbindung mit der äußeren Realität abgebrochen hat und diese durch seine eigene Person ersetzt. Er ist ganz von sich selbst erfüllt, er ist sich ‚Gott' und ‚Welt' geworden." (79).

6 Schlussbetrachtung und Ausblick

und Willensbildung darstellt. Und zu diesem Verweisungszusammenhang gehört in der Regel auch eine Vorstellung vom Ganzen: der Welt, mithin eine *Weltanschauung*. Sicher: ein Taschendieb stiehlt in der Regel nicht aus weltanschaulichen Gründen. Wir verstehen einen Taschendieb wohl am besten, wenn wir zunächst seine sozioökonomische Situation betrachten. Aber um die großen (und auch kleinen) ‚Bösewichter' der Geschichte zu verstehen (vor allem auch die der Moderne), müssen wir deren Sicht der Welt berücksichtigen. Es gibt nämlich das Böse aus ‚Idealismus', welches z. B. aus ideologischer oder religiöser oder eben auch *moralistischer* Verblendung und aus dem entsprechenden Fanatismus resultiert – und dies ist in der Regel weder banal noch auch irgendwie satanisch, sondern verweist auf einen Grundzug des Menschen, eben seine „Wertexzentrizität". Menschen können sich auf Gedeih und Verderb überindividuellen Ideen (Weltanschauungen, Ideologien, Religionen) verschreiben und sich selbst oder eben andere für diese Ideen opfern. Aber sie sind unter Umständen auch bereit andere Menschen zu töten, weil diese aus ihrer Sicht „das Böse" verkörpern. Viele Menschen taten Böses, weil sie glaubten, das Gute und Richtige zu tun.

Am einfachsten zu verstehen ist nichtsdestotrotz das Böse, das aus egoistischen Motiven resultiert. Die meisten Menschen sind sich selbst am nächsten und handeln entsprechend mehr oder weniger rücksichtslos, vor allem, wenn sie für sich selbst keine negativen Konsequenzen erwarten. Allerdings trifft dies eben nicht auf jeden Menschen in gleicher Weise zu und auch nicht auf einen bestimmten Menschen immer und ständig. Das ‚banale Böse' á la Hannah Arendt lässt sich zwar versuchsweise auf Gedankenlosigkeit zurückführen, aber Gedankenlosigkeit ist bereits eine Folge von Rücksichtslosigkeit und wurzelt daher im Egoismus. Wer als

„kleines Rädchen" lieber nicht so genau nachdenkt, was er da eigentlich tut und was die Folgen für andere sind, denkt eben vor allem an sich selbst. Er denkt also durchaus, aber selbstbezogen. In totalitären ‚verbrecherischen' Systemen gedeiht diese Art des Bösen besonders gut. Das banale Böse ist gewissermaßen die Manifestation des Egoismus in totalitären oder auch nur besonders bürokratischen Systemen. Gruppenzwang, Propaganda und Sanktionierungen oder Sanktionsandrohungen tun das Übrige. Und vergessen wir nicht, dass auch der Rechtsstaat das strafrechtlich relevante Böse mit Bösem, nämlich mit Gewalt und Strafe, bekämpft. Ein Richter, der Menschen zu Geld- oder Haftstrafen (oder Schlimmerem) verurteilt, tut damit berufsbedingt Böses, auch wenn er nur seine Pflicht erfüllt und Recht und Gesetz anwendet.

Es gibt freilich auch das Böse, das daraus resultiert, dass man nur zwischen mehreren Übeln wählen kann. Man muss dann Böses tun, denn man hat nicht die Möglichkeit, es überhaupt zu vermeiden. Oder man hat nur die Wahl entweder sich selbst oder anderen zu schaden. Gerade auch der Kapitalismus als System produziert eine Menge solcher Situationen; und Gegner und Befürworter desselben streiten sich letztlich nur darum, ob er nicht durch seine Gesamtbilanz trotzdem jeder anderen Wirtschaftsform vorzuziehen sei (oder eben nicht). Schon deutlich schwieriger zu begreifen ist – verglichen mit dem Bösen aus Egoismus (sowohl dem alltäglichem wie dem banalen), dem Bösen aus Idealismus (die beide durchaus auch in Mischmotivationen vorkommen) und dem systeminduzierten Bösen – das Phänomen der Bosheit. Rein egoistisches Verhalten schädigt andere niemals als Selbstzweck, sondern immer nur ‚kollateral'. Die Maxime des reinen Egoisten lautet nach Schopenhauer: ‚Hilf niemandem, vielmehr verletze alle, wenn es Dir gerade

6 Schlussbetrachtung und Ausblick

nützt!'[11] Bosheit dagegen bezweckt das böse Übel für andere scheinbar direkt. Die Maxime des Boshaften lautet entsprechend: ‚Hilf niemandem, vielmehr verletze alle soviel Du kannst.'[12] Das heißt nicht, dass ein boshaftes Wollen keine Gründe hat. Es ist nur durch Erhellung und Identifikation dieser Gründe allein nicht zu erklären. So riskiert nicht jeder sein eigenes Wohl und Leben, wenn er sich ungerecht behandelt fühlt, nur um sich an dem vermeintlichen Übeltäter bitter zu rächen. Aber es gibt eine Menge Menschen, für die Rache unter Umständen zum obersten Lebensziel wird – mögen sie dabei selbst (physisch oder sozial) zugrunde gehen. Boshaftes Verhalten ist tatsächlich oft die Reaktion auf ein Übel, das einem widerfahren ist und für das andere Menschen verantwortlich gemacht werden. Es gibt bekanntlich eine nicht unbeträchtliche Menge von Menschen, die wegen jeder Kleinigkeit vor Gericht ziehen, nur um Recht zu bekommen, obwohl der ganze zeitliche, psychische und physische sowie finanzielle Aufwand die Sache gar nicht wert ist. Diese Art der Gerechtigkeitsliebe kann durchaus bösartig sein (auch wenn sie auf Selbstjustiz verzichtet).[13]

---

[11] *„Neminem juva; imo omnes, si forte conducit, laede."* (Arthur Schopenhauer: Über die Grundlage der Moral. In: Kleinere Schriften (hrsg. v. Ludger Lütkehaus). Zürich 1999. 515, 557.

[12] Arthur Schopenhauer: Über die Grundlage der Moral. In: Kleinere Schriften (hrsg. v. Ludger Lütkehaus). Zürich 1999. 515.

[13] Nahlah Saimeh schreibt zum Verhältnis von Boshaftigkeit und Gesellschaft: „Psychiatrisch würde ich es so formulieren, dass die Quelle aller boshaften Handlungen ein Leiden am Getrenntsein, ein Leiden am Abgespaltensein ist und dass letztlich auch Spaltungsprozesse in der Gesellschaft und im politischen Raum, die – wie wir aus der Historie bestens wissen – zu Menschheitskatastrophen führen, aus dieser Dynamik herrühren." (Das liebe Böse. Warum wir gut sein wollen und nicht können. Bielefeld 2022. 74.) Ich denke zwar nicht, dass diese Quelle die einzige ist, aus der ein boshaftes Wollen entspringt, aber sicherlich ist sie eine von mehreren. So führt Saimeh auch als „weiteres Merkmal des ‚Bösen' [...] die Rigidität des Gewissens" an. „Terror", so Saimeh „entsteht nicht aus einem Mangel an Gewissen, sondern aus einem ins Monströse aufgeblähten, sadistischen Gewissensungeheuer. Ich wähle dazu

Daher ist es offensichtlich falsch, alles Übelwollen und Übeltun auf den Egoismus zurückzuführen. Das boshafte Wollen und Handeln ist nicht einfach nur Ausdruck einer besonders starken, aber verletzten Selbstliebe, es transzendiert diese und allen Egoismus vielmehr, die Boshaftigkeit hat etwas Überschießendes und zum Teil auch Maßloses, was sie so besonders unheimlich und verstörend macht. Die Boshaftigkeit ist meist von einem *eliminatorischen* Zug beseelt, der jedoch nicht immer ausagiert wird (wie in der ‚herzlichen' Schadenfreude), aber manchmal eben doch. Der Vernichtungsfuror kann sogar so weit gehen, dass menschliche Teufel und teuflische Menschen die ganze Welt vernichten möchten. So findet Goethes Mephistopheles, dass „alles, was entsteht, ist wert, dass es zugrunde geht. Drum besser wär's, dass nichts entstünde." Und der advocatus diaboli in uns sollte uns fragen, ob Mephistopheles mit dieser Weltsicht wirklich so falsch liegt.[14] Auch der schopenhauersche

---

gerne die Metapher von der Schraube: Drehen sie die Schraube Ihrer Moral zu fest in ein ideologisches Brett, dann kommt sie hinten als Terror-Gewinde wieder heraus." (111) – Besser kann man den Zusammenhang von Moral und Terror nicht auf den Punkt bringen.

[14] Man denke auch an das Weltbild der Gnosis (und des Manichäismus). Hans Jonas schreibt zur gnostischen Kosmologie (Gnosis. Die Botschaft des fremden Gottes. Frankfurt a. M., Leipzig ²2018.): „Das Universum, die Domäne der Archonten, gleicht einem riesigen Gefängnis, dessen innerstes Verlies die Erde darstellt, der Schauplatz des menschlichen Lebens. […] Die Archonten herrschen gemeinsam über die Welt, und jeder einzelne in seiner Sphäre ist ein Wärter in dem kosmischen Gefängnis. Ihre tyrannische Weltherrschaft wird als *Heimarmene* bezeichnet, als universales Fatum, ein aus der Astrologie übernommener Begriff, der nun vom gnostischen, antikosmischen Geist eingefärbt ist. […] Jeder Archont – als Hüter seiner Sphäre – versperrt der Seele, die nach dem Tod aufzusteigen versucht, den Durchgang, um ihr Entkommen aus der Welt und ihre Rückkehr zu Gott zu verhindern. Die Archonten sind auch die Schöpfer der Welt, es sei denn, diese Rolle ist ihrem Führer vorbehalten, der dann den Namen *Demiurg* (der Weltbaumeister in Platos *Timaios*) trägt und oft mit den verzerrten Zügen des alttestamentlichen Gottes gezeichnet wird. […] Das Ziel gnostischen Strebens ist die Befreiung des ‚inneren Menschen'

6 Schlussbetrachtung und Ausblick

Heilige ist ja bestrebt die Welt zu nichten, nämlich durch die „Verneinung des Willens zum Lebens".[15] Denn nach Schopenhauer leben wir in der schlechtesten aller möglichen Welten. „[D]ie größte, wichtigste und bedeutsamste Erscheinung, welche die Welt aufzeigen kann", ist denn nach Schopenhauer auch nicht „der Welteroberer", sondern „der Weltüberwinder".[16] – Die Extreme scheinen sich hier zu berühren. Auch wenn der schopenhauersche Heilige frei von Boshaftigkeit sein mag, intendiert er doch das gleiche Ziel wie die vermeintlichen Erzbösewichte: Die

---

aus der Knechtschaft der Welt und seiner Rückkehr zu dem ihm angestammten Reich des Lichts. [...] Was Befreiung bringt, ist die Erkenntnis, wer wir waren, was wir wurden; wo wir waren, wohinein wir geworfen wurden; wohin wir eilen, woraus wir erlöst werden; was Geburt ist, was Wiedergeburt" (70 ff.). Erlösung geschieht also nicht auf dem mephistophelischen Wege, sondern durch Gnosis oder Erkenntnis. „Mit der Vollendung dieses Prozesses der Wiedereinsammlung wird (nach manchen Systemen) der seiner Lichtelemente beraubte Kosmos zu Ende gehen." (73) Interessant ist, dass hieraus durchaus auch libertinistische, insbesondere antimoralistische und nihilistische Folgerungen gezogen wurden: „Wie der Pneumatiker frei von der *Heimarmene* ist, so ist er auch frei vom Joch des Moralgesetzes. Ihm sind alle Dinge erlaubt [...]. Dieser antinomistische Libertinismus zeigt stärker noch als die asketische Version das *nihilistische* Moment, das dem gnostischen Akosmismus innewohnt." (74).

[15] Der schopenhauersche Heilige ist derjenige, der erkannt hat, dass die Welt heillos ist und es keinen innerweltlichen Ausweg aus dem Leidzusammenhang gibt. „Die Welt", so Schopenhauer, „ist eben *die Hölle*, und die Menschen sind einerseits die gequälten Seelen und andererseits die Teufel darin." (Parerga und Paralipomena II, § 156; dieser Satz fehlt in der von Lütkehaus besorgten Ausgabe.) „Klopfte man an die Gräber und fragte die Toten, ob sie wieder aufstehn wollten; sie würden mit den Köpfen schütteln." (Die Welt als Wille und Vorstellung II (hrsg. v. Ludger Lütkehaus). Zürich 1999. 539.) Keine marxistische oder sonstige Revolution kann aus dieser Sicht den Himmel auf Erden realisieren. Es gibt gewissermaßen nach Schopenhauer keine richtige Welt in der falschen. Der Weg zum Heil führt nur über die Resignation und Willensverneinung. Die universale Lösung wäre es, wenn alle Menschen den Weg der Heiligen gingen. Dann gäbe es keine leidenden Subjekte und damit auch kein Leid mehr.

[16] Arthur Schopenhauer: Die Welt als Wille und Vorstellung I (hrsg. v. Ludger Lütkehaus). Zürich 1999. 496.

Aufhebung der „verfehlte[n] Schöpfung"[17]. Auch eine der Protagonistinnen aus dem sadeschen Kosmos, Madame de Clairvil, träumt von der Weltvernichtung (wenngleich letztlich unklar bleibt, was hierfür das tiefere Motiv ist): „Ah! Und wenn es mir vergönnt wäre, das Universum niederzubrennen, würde ich die Natur noch dafür verfluchen, dass sie meinen feurigen Begierden nur eine einzige Welt anheimstellt."[18]

Man könnte drei Arten des teuflisch Bösen unterscheiden: das mephistophelische Böse (welches deshalb böse ist, weil es die Welt als solche gar nicht vernichten kann, sondern nur Innerweltliches, insbesondere Menschen und andere leidensfähige Wesen[19]), das luziferische Böse (‚wie Gott sein zu wollen' – aus postmoralischer Sicht nicht wirklich ein Fall eines bösen Wollens, sondern eher schlicht das irrationale Wollen einer Unmöglichkeit) und das satanische Böse. Unter letzterer Rubrik kann man möglicherweise jede Form des „perversen Narzissmus",[20] des malignen Sadismus, der

---

[17] So der dt. Titel von *Le mauvais démiurge* von E.M. Cioran.

[18] D.A.F. de Sade: Justine und Juliette Bd. IX (hrsg. v. Stefan Zweifel und Michael Pfister). Berlin 1992. 199.

[19] „Du kannst im Großen nichts vernichten/Und fängst es nun im Kleinen an", sagt Faust zu Mephistopheles (1360 f.).

[20] Vgl. hierzu Marie-France Hirigoyen (Die toxische Macht der Narzissten und wie wir uns dagegen wehren. München 2020.): „Wie die grandiosen Narzissten verspüren die narzisstischen Perversen keinerlei Empathie gegenüber anderen, aber während Erstere so sehr auf sich selbst fixiert sind, dass sie sich ihrer negativen Wirkung auf andere nicht bewusst werden, erkennen die narzisstischen Perversen sehr wohl, dass sie anderen Leiden zufügen, was sie aber gleichgültig lässt oder ihnen sogar Freude bereitet. Sie sind Narzissten, doch zu ihrem Größenwahn kommt obendrein noch ein perverser Mechanismus hinzu, der darin besteht, sich genussvoll auf Kosten anderer aufzuwerten." (121) Nahlah Saimeh schreibt hierzu bündig: „Die instabile, überaus fragile Selbstwertregulation des narzisstisch gestörten Menschen funktioniert im Falle des malignen Narzissmus nur durch Zerstörung des Gegenübers." (Das liebe Böse. Warum wir gut sein wollen und nicht können. Bielefeld 2022. 53.)

6 Schlussbetrachtung und Ausblick

selbstlosen Boshaftigkeit[21] sowie das „Verfallssyndroms" (Erich Fromm), d.i. die Konvergenz von Nekrophilie, Narzismus und inzestuösen Bindungen, verstehen.[22] Der Ausdruck ‚satanisches Böses' lädt zwar zu Missverständnissen ein und dürfte in den Ohren der meisten aufgeklärten Menschen auch nicht sonderlich wissenschaftlich seriös klingen. Aber was damit bezeichnet werden soll, ist durchaus grauenerregend. Gemeint ist nicht die Existenz des Teufels oder Satans, sondern des Teuflischen im Menschen (oder zumindest in manchen Menschen). Wenn man bedenkt, wie erregend es für einige Menschen zu sein scheint, kleine Kinder nicht nur sexuell zu missbrauchen, sondern zu Tode zu foltern, dem mögen all die psychopathologischen Kategorien doch ein wenig zu unterkühlt und nüchtern anmuten. Man kann natürlich die Triebkräfte des malignen Sadisten hedonistisch zu erklären versuchen: Ein Sadist quält oder schädigt einen anderen Menschen (oder ein Tier), weil es ihm Lust bereitet. Die Lust ist der letzte Zweck der Handlung. Und damit geht es eigentlich wiederum nur um das eigene Wohl des Täters. Der bösartige Sadismus würde so zu einer besonders perversen Form des (sexuellen) Egoismus und der Selbstliebe. Das Böse wäre, zumindest in diesem speziellen Fall, kein Selbstzweck, sondern nur Mittel der Lustgewinnung.

---

[21] Schon die Schadenfreude ist nach Schopenhauer „teuflisch und ihr Hohn das Gelächter der Hölle". (Parerga und Paralipomena II (hrsg. v. Ludger Lütkehaus). Zürich 1999. 196.)

[22] „Es gibt psychologisch und moralisch keinen schärferen Gegensatz als den zwischen den Menschen, die das Tote, und denen, die das Lebendige lieben, zwischen den *Nekrophilen* und den *Biophilen*." (40) „Für nekrophile Menschen bedeutet Gerechtigkeit korrekte Teilung, und sie sind bereit, für das, was sie ‚Gerechtigkeit' nennen, zu töten oder zu sterben. ‚Gesetz und Ordnung sind ihre Idole, und alles, was Gesetz und Ordnung bedroht, wird als teuflischer Angriff auf ihre höchsten Werte empfunden." (44) (Erich Fromm: Die Seele des Menschen. Ihre Fähigkeit zum Guten und Bösen. München ²2017.)

So klar ist die Sache jedoch nicht. Es gilt hier zwei Fragen zu klären: einmal die Frage nach der Handlungsrelevanz der Lust generell sowie die Frage nach dem Verhältnis von Begehren und der subjektrelativen Güte eines Handlungszieles.

Zunächst scheint es so zu sein, dass wir uns stets für das entscheiden, was uns zumindest als gut erscheint. Bereits Kant weist in der *Kritik der praktischen Vernunft* aber daraufhin, dass dies auf zweierlei Weise verstanden werden kann. Wir können nämlich entweder etwas begehren, *weil* wir es uns als gut vorstellen, oder aber wir stellen uns etwas als gut vor, *weil* wir es begehren. Also entweder ist die Begierde „der Bestimmungsgrund des Begriffs des Objekts als eines guten, oder der Begriff des Guten der Bestimmungsgrund des Begehrens" (A 60). Bezogen auf das Teuflische würde das bedeuten: Das Leid anderer wird entweder unabhängig von jeglichem Begehren als gut empfunden oder es wird als gut empfunden, weil man es begehrt. Aus postmoralischer Sicht kann nur letztere Option richtig sein, da es, wie gezeigt, kein Gutes an sich geben kann (außer im erläuterten postmoralisch-deskriptiven Sinne).

Auch in Bezug auf die Lust lassen sich zwei Möglichkeiten denken: Es ist die Lust, die zu boshaften und sadistischen Untaten treibt. Sie ist das Ziel, das fremde Leid das Mittel. Oder aber umgekehrt: Das Leid ist gewissermaßen Selbstzweck (insofern darauf das Begehren eines Menschen gerichtet ist[23]) und die sadistische und boshafte Lust ist eine Folge oder Begleiterscheinung der Zielverwirklichung sowie eine emotionale Bestätigung

---

[23] Ein Selbstzweck ist nicht mit einem von jeglichem subjektiven Streben und Begehren unabhängigen Zweck an sich selbst zu verwechseln. Ein Selbstzweck ist ein Zweck, der nicht wiederum als ein Mittel für andere Ziele angesehen wird, aber nichtsdestotrotz ein Zweck *für jemanden* ist.

und ‚Bejahung'. Das Leid von Tieren und Menschen (und dessen absichtliche Hervorbringung) wäre das eigentliche Ziel; und allein der Gedanke daran versetzt manche Menschen in starke (sexuelle) Erregung. Vielleicht könnte man auch sagen, dass wer das Lustvolle des Quälens bei sich entdeckt hat, anschließend beides in ihrer Einheit begehrt: das Quälen als lustvolle Praxis. Dies ändert aber nichts daran, dass das Quälen auch dann weiterhin Zweck und nicht bloßes Mittel der Lustgewinnung ist. Wer dies unplausibel findet, muss auch die selbstlose Liebe als Phänomen leugnen. Denn warum sollte ich jemanden lieben und sein Wohl befördern wollen, selbst dann, wenn ich selbst davon letztlich nichts habe, außer dass sich dabei ein gutes Gefühl bei mir einstellt? – Es wird diesbezüglich dann auch gerne behauptet, dass es demjenigen, der vermeintlich selbstlos liebt und danach handelt, letztlich doch nur genau darum ginge, sich gut zu fühlen, Freude zu empfinden und mit sich selbst zufrieden zu sein. Aber dies ist, als generelle These formuliert, nicht wirklich überzeugend. Die Luststeigerung dürfte sich zumeist in Grenzen halten und die Zufriedenheit mit sich selbst ist ein zu geringer Gewinn, um Opfer für andere zu bringen (die ja auch als schmerzlich empfunden werden können). Damit soll natürlich nicht geleugnet werden, dass Menschen oft auch Gutes tun, um ihr Ansehen aufzupolieren oder einen sonstigen Nutzen aus ihren Wohltaten zu erzielen oder schlicht um sich ein gutes Gewissen zu machen. Aber weder diese Tatsache noch der hedonistische oder utilitäre Entlarvungsversuch können das Phänomen der selbstlosen Liebe und des Handelns aus Mitleid als solches aus der Welt schaffen. Denn wer etwa aus *echtem* Mitleid handelt, will nicht ein unangenehmes Gefühl, das ihn befallen hat, beseitigen (das Mit*leiden*), sondern das Leid eines anderen Subjekts. Er leidet am Leid eines anderen, nicht an seinem eigenen

Mitleid. Die Beseitigung des fremden Leidens wird hierdurch zum Zweck des Handelns. Und die Freude, die viele Menschen empfinden, wenn sie anderen Menschen helfen können, war nicht das Ziel ihres Handelns, sondern ist lediglich eine bestätigende emotionale Reaktion auf den Erfolg ihrer Hilfeleistung. Es gibt unleugbar auch hier andere Motivationen. So helfen Menschen tatsächlich manchmal anderen Menschen in Not nur deshalb, damit ihnen in vergleichbaren Fällen geholfen wird; oder weil sie das Leid nicht länger ertragen können oder wollen, mit dem sie anschaulich konfrontiert werden. Aber ich wage die These, dass es sich im letzteren Fall um eine gemischte Motivation handelt, die beides intendiert: das Wohl des anderen wie des eigenen (nämlich sich das Leid des oder der anderen nicht weiter ansehen zu müssen). Gemischte Motivationen sind generell keine Seltenheit; und daher kann eine Hilfeleistung sowohl aus egoistischen als auch aus wahrhaft altruistischen Gründen erfolgen.

Man könnte daher analog sagen, dass es die böse Lust ist, die das Zufügen von Leid zum Ziel des Handelns macht. Es gälte dann aber stets zwischen zwei Arten der Lust zu unterscheiden: der ‚Lust auf' und der ‚Lust an'.[24] Wenn wir sagen, wir hätten Lust, zu verreisen, dann bezwecken wir das Verreisen, das wir dann auch irgendwie als lustvoll erleben wollen. Wobei Letzteres in der Regel gar nicht direkt angestrebt wird. Wir hoffen vielmehr, dass die Reise interessant, abenteuerlich, horizonterweiternd

---

[24] Husserl unterscheidet noch zwischen der „Erzielungslust" und der „Lust am Erstrebten": „Wer etwa nach der Lust am Hören der Musik strebt und den Genuss handelnd erzielt, hat offenbar eine *doppelte Lust*: einmal die *Erzielungslust*, die Lust: ‚Nun habe ich's erreicht!' und zweitens die *Freude an der betreffenden Musik selbst*." (Edmund Husserl: Einleitung in die Ethik. Vorlesungen Sommersemester 1920/1924. Hua XXXVII. 66.) Es ergibt sich also die Trias: Begehrenslust (Lust auf X), Erzielungslust (Erfolgslust) und Gegenstandslust (auch: Freude an X).

6 Schlussbetrachtung und Ausblick

oder auch entspannend sein wird. Das kann lustvoll sein. Aber die ‚Lust an' diesen Zielen ist eben nicht selbst das Ziel oder der Zweck der Reiseunternehmung. Oder ich sage als Philosoph, dass ich noch einmal Lust hätte, mich intensiv mit Spinozas *Ethik* zu beschäftigen. Aber mein Ziel ist ein Erkenntnisgewinn, nicht die Lustgewinnung (zumal die Lektüre eher qualvoll als lustvoll sein wird). Weder die ‚Lust auf' noch die ‚Lust an' etwas scheinen in den meisten Fällen das zu sein, um was es uns eigentlich geht. Das heißt nicht, dass Lust niemals als eigentlicher Zweck intendiert werden kann, aber in der Regel ist es der Gegenstand der Lust, nicht die Lust als solches, oder zumindest der Gegenstand als lustvoller, der intendiert wird.[25] Und so könnte es sich auch mit dem lustvollen Quälen verhalten. Die Lust wird dann gleichsam sekundär mitgenossen.[26]

Beim malignen Sadismus mag eine rein hedonistische Erklärung vielleicht noch naheliegen (auch wenn ich sie für falsch halte). Beim perversen Narzissmus, dem komplexeren Verfallssyndrom, der „Psychopathy"[27] sowie der allgemeinen selbstlosen Boshaftigkeit dürfte diese Erklärungsstrategie in jedem Fall scheitern. Das über den Egoismus hinausgehende, das Überschießende, das die Boshaftigkeit und Bösartigkeit in all ihren Formen auszeichnet, scheint ihren Grund in einer gleichnamigen

---

[25] Es muss allerdings unterschieden werden zwischen Gegenstände, die unmittelbar als lustvoll erfahren werden (z. B. eine deliziöse Speise) und solchen, die, weil sie als interessant, wertvoll, einzigartig etc. erfahren werden, mittelbar eine Lustreaktion beim erfahrenden Subjekt hervorrufen.

[26] Die Lust genießen – ja das können wir Menschen. Die Lust kann selbst noch einmal zum Gegenstand des Gefallens und des Genusses werden. Die Lust zu suchen und zu finden und sie zu genießen – dies sei der Weg zum Glück, behauptet der Vulgärhedonismus.

[27] Bestimmte psychische Erkrankungen werden als Ursache für das Böse in der Welt verantwortlich gemacht.

anthropologischen Grundtriebfeder zu haben, wenngleich diese nicht als angeborenes Verhaltensprogramm (Instinkt, Uhrwerk) verstanden werden sollte, sondern nur als durchaus angeborene Disposition, die sich in unterschiedlichen Lebenskontexten unterschiedlich stark zur Geltung bringt, aber stets ein destruktives Potenzial darstellt und auch konstitutiv (nicht jedoch: alleinursächlich) für bestimmte ‚psychische' Devianzen ist, mit denen sich Psychoanalytiker und Psychiater beschäftigen.

Eng mit der Bosheit verwandt scheint noch eine andere Triebfeder zu sein, die Edgar Allan Poe („Imp of perverse") als „Verkehrtheit" bezeichnet und als „unwiderstehliche Neigung" bestimmt, „um des Unrechts willen unrecht zu tun"[28], und die sich auf sehr unterschiedliche Weise manifestiert: Sie kann zu autodestruktivem Handeln, aber eben auch zu einem bösen Wollen führen: „Keiner, der seine eigene Seele vertrauensvoll um Rat fragt, kann die elementare Ursprünglichkeit der fraglichen Eigenschaft leugnen. *Sie ist da,* mag sie uns auch noch so unbegreiflich erscheinen. Es gibt keinen Menschen, der nicht zum Beispiel zu irgendeiner Zeit von dem ernstlichen Wunsch besessen gewesen wäre, einen Zuhörer durch unnütze Umschweife zu quälen. Der Sprecher weiß, dass er missfällt; er hat allen guten Willen, zu gefallen; er ist für gewöhnlich kurz, deutlich und klar; der prägnanteste, lakonische Ausdruck schwebt ihm auf der Zunge; nur mit Mühe hält er ihn zurück; er scheut und fürchtet den Zorn dessen, zu dem er spricht – dennoch packt ihn der Gedanke, durch gewisse Einschaltungen und Umschweife könne dieser Zorn noch gesteigert werden. Dieser eine Gedanke genügt. Der Einfall wird zu einem Wunsch, der

---

[28] Edgar Allan Poe: Der Teufel der Verkehrtheit. In: Die schwarze Katze und andere Verbrechergeschichten. Zürich 1984. 255–262. 257.

6 Schlussbetrachtung und Ausblick

Wunsch zu einem Verlangen, das Verlangen zu einem qualvollen Bedürfnis, und dem Bedürfnis wird (mit tiefem Bedauern und herzlicher Reue und in Mißachtung aller Folgen) stattgegeben."[29]

Man darf die „Verkehrtheit" nicht mit der sogenannten „sadistischen Ader" verwechseln, die Menschen in solchen und anderen Situationen auch an den Tag legen können. Denn der alltägliche Sadismus, der die vielen kleine Bosheiten hervortreibt, wird mit teuflischem *Vergnügen* ausgeübt, während Handlungen aus Verkehrtheit, wie Poe m. E. zu Recht anmerkt, qualvoll und reuebehaftet sind. Auch hier sind Mischmotivationen möglich und möglicherweise lässt sich der augustinische Birnendiebstahl auf diese Weise am besten verstehen.[30] Denn hier kommt beides zusammen: Eine gewisse Lust am Bösen (Boshaftigkeit), aber eben auch der unwiderstehliche Drang, das Böse zu tun, einfach weil es Böse ist und als falsch betrachtet wird. Aber die Triebfeder der Verkehrtheit scheint von der Triebfeder der Boshaftigkeit nichtsdestotrotz verschieden zu sein.

---

[29] Edgar Allan Poe: Der Teufel der Verkehrtheit. In: Die schwarze Katze und andere Verbrechergeschichten. Zürich 1984. 255–262. 257 f.

[30] Aurelius Augustinus: Confessiones/Bekenntnisse (übers. v. Wilhelm Thimme). Düsseldorf, Zürich 2004. 67 ff. Der Birnendiebstahl weist eine lange Rezeptionsgeschichte auf, die hier nicht wiedergegeben werden kann. Vgl. hierzu: Hans Bernhard Schmid: Evil in Joint Action. The Ethics of Hate and the Sociology of Original Sin. New York 2020. Ders.: Das Böse an Augustinus' Birnendiebstahl. In: DZPhil 2019; 67 (4). 517–538. Schmid versucht eine Rekonstruktion dieser Art des Bösen mit den Mitteln der Theorie des „gemeinsamen Handelns": „Darin besteht der Reiz eines gemeinsamen unmoralischen Akts: in der Bestätigung seiner kollektiven Akteursschaft. […] Die Beteiligten wollen ihre gemeinsame, freie, durch keinerlei Gesetz restringierte Akteursschaft beweisen." (534). Auch wenn es sich hier zweifellos um eine „Gemeinschaftshandlung" handelt, so bin ich allerdings nicht der Meinung, dass für diese Art des Bösen notwendig eine Gruppe mit ihrer Dynamik und ihren Zwängen eine Voraussetzung darstellt. Diese Art des Bösen kann man durchaus auch alleine verüben.

Dieser kleine und sicher unvollständige Überblick über die möglichen Ursachen und Gründe des Bösen hat hoffentlich gezeigt, wie vielfältig die Erklärungen des Bösen ausfallen müssen. Ziel einer Ätiologie des Bösen könnte es sein, eine theoretische Entscheidungsgrundlage dafür bereitzustellen, welches Böse wir wie in Zukunft beseitigen oder wenigstens bekämpfen wollen und können (indem wir die äußeren Entstehungsbedingungen des bösen Wollens beseitigen) und welches Böse wir akzeptieren oder möglicherweise goutieren (z. B. gesetzliche Strafe, Staatsgewalt, militärische Verteidigung etc.).

Eine Ätiologie des Bösen unter postmoralischem Vorzeichen hat wertungsfrei zu erfolgen. Es steht jedem Menschen frei, jedes mögliche Böse auch für gut und richtig zu befinden. Wer sollte es einem verbieten? Und man kann ja auch tatsächlich jedes Böses tun, das man tun möchte (und zu dem man fähig ist). Man sollte sich nur, wenn man klug ist, überlegen, ob man auch die Konsequenzen tragen möchte, die etwa in sozialer Ächtung oder in Strafen des Staates oder schlicht in einem quälenden Gewissen bestehen können. Das Böse ist schnell verübt, aber mit der Schuld ist man dann den Rest seines Lebens ‚verheiratet'. Der Postmoralismus verurteilt nicht das Böse und er predigt nicht das Gute (oder umgekehrt). Der Postmoralismus versucht lediglich, über die entsprechenden Begriffe und wie sie mit dem Menschen als Subjekt von Welt (und Gesellschaft) und als Subjekt in der Welt (und in Gesellschaft) zusammenhängen, aufzuklären. Die systematische Ätiologie des Bösen fällt dagegen nicht mehr in den Aufgabenbereich des Postmoralismus, sondern stellt eine multidisziplinäre Aufgabe dar.

GPSR Compliance
The European Union's (EU) General Product Safety Regulation (GPSR) is a set of rules that requires consumer products to be safe and our obligations to ensure this.

If you have any concerns about our products, you can contact us on

ProductSafety@springernature.com

In case Publisher is established outside the EU, the EU authorized representative is:

Springer Nature Customer Service Center GmbH
Europaplatz 3
69115 Heidelberg, Germany

www.ingramcontent.com/pod-product-compliance
Lightning Source LLC
LaVergne TN
LVHW020348260326
834688LV00045B/1594